Volker Leppin

Das Zeitalter der Reformation

Volker Leppin

Das Zeitalter der Reformation

Eine Welt im Übergang

Bild Titelei: Die Reformatorengruppe: von links Johann Forster, Georg Spalatin, Martin Luther, Johannes Bugenhagen, Erasmus von Rotterdam, Justus Jonas, Caspar Cruciger und Philipp Melanchthon.
Kopie nach dem Meienburgischen Epitaph von Lucas Cranach d. J., Lutherhalle Wittenberg. Foto: picture-alliance

Bilder Innenteil: Akg-images: S. 17 unten, 24, 43, 54, 70, 76, 95, 99, 105, 108, 115, 121, 131, 141, 142; Badische Landesbibliothek, Karlsruhe: S. 23; Bpk: S. 16, 33, 140 (Kupferstichkabinett, SMB/Jörg P. Anders), 144; Foto Marburg: S. 109, 122; Münster, Landesmuseum für Kunst und Kulturgeschichte: S. 137; picture-alliance: S. 8, 15, 21, 26, 28, 30, 37, 38, 39, 47, 59, 65, 68 oben, 71, 72, 78, 79, 82/83, 93, 97, 101, 107, 117, 123, 125, 127, 129, 138, 145, 146; WBG-Archiv: S. 11, 12, 17 oben, 25, 27, 29, 31, 34, 40, 41, 45, 48, 56, 57, 58, 60, 61, 63, 69, 74, 81, 85, 87, 90, 92, 102, 112, 113, 132, 133, 134; Zürich, Landesmuseum: S. 50/51, 88

in memoriam Gottfried Seebaß

Die Herausgabe des Werkes wurde durch die Vereinsmitglieder
der WBG ermöglicht.
Gedruckt auf säurefreiem und alterungsbeständigem Papier
Satz und Layout: RSRDesign Reckels & Schneider-Reckels, Wiesbaden
Printed in Germany

Besuchen Sie uns im Internet: www.wbg-wissenverbindet.de

ISBN 978-3-534-20499-1

Inhalt

I. Die Glaubenswelten des späten Mittelalters

II. Neue Wege

III. Öffentliche Debatte

IV. Gestaltungen

V. Wandlungen im Reich und in Europa

I.

Die Glaubenswelten des späten Mittelalters

Wer Neues beginnt, strengt sich an, das Vorherige alt aussehen zu lassen. So taten es die Humanisten, und so taten es die Reformatoren: Eine *»media tempestas«* erfand man im 15. Jahrhundert, eine mittlere Zeit, die zwischen der Antike und dem Jetzt liegen sollte. Sie wurde verspottet und verurteilt. In den Augen der Reformatoren handelte es sich um eine lang anhaltende Phase der Geschichte, in der das Evangelium verdunkelt war. Die päpstliche Kirche des Mittelalters habe die Menschen, so sah man es nun, vom Vertrauen auf Gott und Christus abgelenkt, hatte sie dazu geführt, ihr Heil in eigenen Anstrengungen zu suchen, die eigene Leistung statt Gottes Gnade in den Mittelpunkt zu stellen. Die Vorstellung vom finsteren Mittelalter ist so allgemein, dass auch der Hinweis, so finster sei das Mittelalter gar nicht gewesen, banal geworden ist. *»Das«* Mittelalter hat es ohnehin nicht gegeben, sondern eine Vielzahl von mittelalterlichen Lebenswelten, die nicht immer ganz einfach unter einen Begriff zu bringen sind. Und es ist gerade diese spätmittelalterliche Vielfalt, die hilft, Anknüpfungen wie Neuansatz in der Reformation zu verstehen.[1]

Zentralisierung und Dezentralisierung der Kirche

Schon allein die Vorstellung, die mittelalterliche Kirche sei eine Kirche des Papstes gewesen, ist mit der Realität nur schwer in Einklang zu bringen.

Papstpalast in Avignon
Fernab von Rom entstand in Avignon ein neues Zentrum päpstlicher Macht: hier der prachtvolle Palast, der im 14. Jahrhundert immer weiter ausgebaut wurde.

Als das 15. Jahrhundert begann, war Europa in zwei Obödienzen zerfallen, in zwei konkurrierende Bereiche päpstlicher Herrschaft. Gut hundert Jahre zuvor hatten die Päpste aus verschiedenen, vornehmlich politischen Gründen Rom als Residenz weitgehend aufgegeben und sich in Avignon angesiedelt. Hier war aus einer Kleinstadt ein neues pulsierendes Zentrum der päpstlichen Macht geworden, die sich zudem überwiegend neuer Finanzierungsmittel bediente. Verschiedene Abgaben sollten dazu dienen, den aufwändigen Aufbau einer neuen Residenz fernab der eigentlichen Besitzungen zu finanzieren. So blieben bestimmte Bischofsbesetzungen (gebunden an bestimmte Monate oder Ähnliches) dem päpstlichen Stuhl vorbehalten (Reservationen) – mit dem willkommenen Ergebnis, dass willige Kandidaten das Wohlwollen des Papstes durch finanzielle Gaben erlangen konnten. Für die Besetzung von Bischofsstühlen gab es ein ausgefeiltes Tarifsystem, etwa bestimmte Sätze vom ersten Jahreseinkommen einer mit einer solchen geistlichen Stelle verbundenen Pfründe (Annaten) oder auch kontinuierlich ein Drittel jedes Jahreseinkommens (Servitien). Hierdurch entstand ein umfassendes Finanzierungssystem, das für den päpstlichen Stuhl einträglich, für die Kirche in ganz Europa hingegen belastend war.

Die Belastungen sollten noch spürbarer werden, als es zum Papstschisma kam. Bestrebungen der nichtfranzösischen Kardinäle, das avignonesische Papstamt wieder aus der Umklammerung durch den französischen König zu lösen, kamen mit spirituellen Anliegen zusammen. Mit Birgitta von Schweden (1303–1373)[2] und Katharina von Siena (1347–1380) traten zwei Seherinnen auf, die als Gottes Willen die Rückkehr nach Rom verkündeten. Tatsächlich nahm schon Urban V. (1362–1370) vorübergehend wieder in Rom Residenz. Und als sein Nachfolger Gregor XI. (1370–1378) wenige Monate, nachdem er wiederum nach Rom zurückgekehrt war, starb, wählte das Kardinalskollegium, freilich unter spürbarem Druck der römischen Bevölkerung, am 8. April 1378 mit dem Erzbischof von Bari, Bartolomeo Prignano, einen Italiener zum Papst, von dem erwartet werden konnte, dass er als Urban VI. (1378–1389) in Rom bleiben würde. Dem setzten im August die französischen Kardinäle unter Hinweis auf den erfolgten Druck die Wahl Roberts von Genf zum Papst Clemens VII. (1378–1394) entgegen. Er kehrte nach Avignon zurück – Europa hatte fortan zwei Päpste. Die jeweiligen Herrscher mussten beziehungsweise konnten sich an diesem oder jenem

Karte der Obödienzen während des Papstschismas
Ganz Europa zerfiel durch das Papstschisma von 1378 bis 1417 in unterschiedliche Obödienzen.

orientieren, was der päpstlichen Autorität insgesamt ungeheure Beschädigungen eintrug.

Die Versuche, wieder eine zentrale kirchliche Macht in Europa zu etablieren, führten zum Zeitalter der Konzilien: In mehreren Etappen wurde das Konzil (die Versammlung hoher kirchlicher Würdenträger aus Europa) zu der Instanz, der allein zuzutrauen war, die Kirche wieder zur Einheit zu führen. Das Konzil von Pisa war dabei 1409 noch geradezu grotesk unglücklich verlaufen: Der neugewählte Papst Alexander V. (1409–1410) konnte die unterschiedlichen Obödienzen nicht einen, sondern stellte nun neben den beiden anderen Päpsten, die keineswegs rücktrittswillig waren, gar noch einen dritten dar. Dieses Problem vermochte erst das Konzil von Konstanz (1414–1418) zu lösen. Die drei noch amtierenden Päpste wurden suspendiert oder zum Amtsverzicht gedrängt, so dass Platz für den neu gewählten Papst Martin V. (1417–1431) aus der traditionsreichen Familie der Colonna geschaffen wurde. Damit hatte das Konzil eine seiner wichtigsten Aufgaben, die *causa unionis*, die Frage der Einheit der Kirche, bewältigt.

Man hatte sich aber noch zwei weitere Aufgaben gestellt: Die *causa reformationis*, in der es um eine allgemeine Kirchenreform ging, wurde kaum ernsthaft angegangen. Die *causa fidei* aber, die Angelegenheit des Glaubens, führt mitten hinein in ein Problemfeld, das zeigt, dass die Dezentralisierungserscheinungen der spätmittelalterlichen Kirche nicht allein auf der Ebene unterschiedlicher Papstobödienzen zu beobachten sind. Gegenstand der *causa fidei* waren die Lehren des Jan Hus (verbrannt 1415). Diese standen im Mittelpunkt massiver Auseinandersetzungen in Böhmen, in denen sich theologische und nationale Elemente miteinander vermischten. Durch Heiratsbeziehungen der Herrscherhäuser waren in Böhmen Lehren des englischen Theologen John Wyclif (1330–1384) bekannt geworden. In starker Konzentration auf den Wortgehalt der Bibel hatte Wyclif nicht nur deren Text selbst, übersetzt aus der lateinischen Fassung, der Vulgata, in Volkssprache zur Verfügung gestellt, sondern sie als allein geltende *lex Christi*, als Gesetz Christi, zur Norm für das gesamte kirchliche Leben gemacht. Revolutionäres Potenzial entstand vor allem durch die Betonung der Armut, die in der Zeit der steigenden Fiskalisierung der Kirche durch die oben erwähnten verschiedenen Finanzmaßnahmen höchste Brisanz entwickelt hatte. Entsprechend kam es in England unter Berufung auf Wyclifs Lehren, freilich nicht durch diesen gefördert, zu Aufständen. Mit diesem sozialen Sprengstoff verbanden sich darüber hinaus dogmatische Probleme, da Wyclif eine Eucharistielehre vorgelegt hatte, deren positiver Gehalt zwar nicht einfach zu bestimmen ist, deren negative Spitze aber umso deutlicher erkennbar ist: Das 1215 vom IV. Laterankonzil als kirchliche Lehre bestimmte Transsubstantiationsdogma, nach dem sich unter den gleichbleibenden äußeren Eigenschaften von Brot und Wein die Substanzen dieser Elemente in Leib und Blut Christi verwandelten, hielt Wyclif für nicht schriftgemäß.[3]

Beide Aspekte, die Kritik am Reichtum in der Kirche und die divergierende Abendmahlslehre, sind in Böhmen im Kontext nationaler Spannungen zu sehen, die sich rund um die Prager Universität kristallisierten. 1409 hat König Wenzel IV. (1363–1419) das Stimmenverhältnis an der Universität zugunsten der böhmischen Nation geändert und damit den Auszug zahlreicher akademischer Lehrer provoziert, die noch im selben Jahr in Leipzig eine neue Universität gründeten. Genau in diesem Jahr übernahm Jan Hus das Rektorat. Er hatte schon länger nach dem Vorbild Wyclifs in der Prager Bethlehemkapelle in der tschechischen Volkssprache gepredigt. Nun stand er im Mittelpunkt der Aufmerksamkeit und war daran beteiligt, dass sich das Ringen um die Selbständigkeit der Böhmen mit theologischen Auseinandersetzungen verband: Wyclifs Theologie, beziehungsweise vor allem die aus ihr folgende Kirchenkritik, wurde symbolisch geradezu zur Theologie der böhmischen Nation. Diese ohnehin komplexe Situation wurde dadurch noch verworrener, dass sie sich mit

Verbrennung von Hus in Konstanz
Der offenkundige Bruch des freien Geleits durch die Verbrennung des böhmischen Reformators Jan Hus wurde zum Fanal, das die Proteste in seiner Heimat anheizte. Aus der Spiezer Chronik (1485) des Diebold Schilling d. Ä.

den Folgen des Papstschismas verband: 1412 predigte Hus gegen die Ablasskampagne Johannes' XXIII. (1410–1415), des Papstes römischer Obödienz, die Erzbischof Zbynek (1402–1411) für die Erzdiözese Prag zugelassen hatte. Für Hus stand dahinter der allgemeine, auch von Wyclif inspirierte Protest gegen Veräußerlichung und Geldwirtschaft. Zbynek jedoch sah seine auf Rom orientierte Politik gefährdet, so dass Hus Prag verlassen musste. 1414 sollte er sich auf dem Konzil von Konstanz verantworten – das war die erwähnte *causa fidei*. Ihm wurde durch Wenzels Bruder, den römisch-deutschen König Sigismund (1410/1–1437), freies Geleit zugesichert. Diese Zusage jedoch wurde gebrochen. Hus wurde inhaftiert und am 6. Juli 1415 hingerichtet, wobei der dogmatische Prozess vor allem die Lehren Wyclifs aburteilte und Hus wegen seiner deutlichen Sympathie für diese Ketzerei für schuldig ansah.

EUCHARISTIE-DARSTELLUNG
In der Eucharistie erhielten die Laien seit dem hohen Mittelalter nur die Hostie – so wurde die hussitische Forderung nach dem Laienkelch ein klar erkennbares Symbol des Kampfes gegen die römische Kirche. Aus den »Très Riches Heures du duc de Berry«, Folio 189v.

Der Bruch des freien Geleits wurde – auch wenn Sigismund hiervon zunächst nichts gewusst hatte – bald zum Anlass weiteren böhmischen Widerstands, denn unglücklicherweise wurde ausgerechnet Sigismund im Jahre 1420 in Nachfolge Wenzels zum böhmischen König gekrönt. Die Opposition gegen den als Verräter des Hus angesehenen Herrscher gewann ein schlagkräftiges religiöses Symbol: Kurz vor seinem Tode hatte Hus postuliert, dass, abweichend von der seit dem hohen Mittelalter gängigen Praxis, den Laien im Abendmahl nicht nur das Brot, sondern auch der Kelch gereicht werden dürfe. Seine Anhänger machten hieraus ein markantes Identitätsmerkmal: Der hussitische Gottesdienst unterschied sich fortan vom katholischen dadurch, dass das Abendmahl *sub utraque*, unter beiderlei Gestalt, nämlich Brot und Wein, gereicht wurde. Die Bewegung erhielt daher auch die Bezeichnung »Utraquisten«.

Religiöser und nationaler Protest verbanden sich und führten zu langwierigen Kämpfen, die zum Teil auch zwischen gemäßigten und radikalen Utraquisten ausgefochten wurden; Letztere hatten die Berge Böhmens in Erwartung eines tausendjährigen Reiches der Herrschaft Christi gemäß der Offenbarung Johannes 20 mit heiligen Namen versehen. Der wichtigste Berg dieser entsprechend auch als »Taboriten« bezeichneten Gruppe war der Tabor im Süden Böhmens. Obwohl die Taboriten im Jahr 1452 niedergeschlagen worden waren, endeten die militärischen Auseinandersetzungen zwischen Großkirche und Utraquisten erst 1485 mit dem Kuttenberger Religionsfrieden, der die utraquistische Kirche neben der päpstlichen anerkannte. Damit wurde eine längere Entwicklung zum Abschluss gebracht, die, mit einem späteren Begriff benannt, im späten Mittelalter Konfessionskirchen hervorbrachte. Für einen kleinen Teil Europas war somit die zentrale Leitung durch den Papst bereits im Jahrhundert vor der Reformation deutlich hinterfragt.

Und es war sogar zur Anerkennung von höchster Stelle gekommen, wenn man unter dieser nicht den Bischof von Rom, sondern das Konzil verstand: 1431 war das Konzil von Basel versammelt worden, auf dem die Auseinandersetzungen um die Leitung der Kirche kulminierten. Nachdem seit 1417 nur noch ein Papst regierte, wollte dieser – Martin V. ebenso wie seine Nachfolger – auch wieder alle kirchliche Macht bei sich bündeln. In Basel aber gab es starke Bestrebungen, die für den Notfall erklärte Oberhoheit des Konzils über die gesamte Kirche auch unter den Bedingungen einer wieder funktionierenden päpstlichen Leitung aufrechtzuerhalten. Im Zuge dieser Auseinandersetzungen, die schließlich dazu führten, dass Papst Eugen IV. (1431–1447) 1437 das Konzil nach Ferrara und bald nach Florenz verlegte und ihm Felix V.

(1439–1449) als Gegenpapst entgegengestellt wurde, zeigte das Konzil seine friedenschaffende Wirkung: 1433 wurde mit den Hussiten eine Vereinbarung auf Grundlage der sogenannten Prager Kompaktaten geschlossen. So konnte man sich in Böhmen jedenfalls auf einen Konzilsbeschluss berufen.

Böhmen war nicht das einzige Land, in dem die ungeklärte Machtfrage zwischen Konzil und Papst eine Dezentralisierungstendenz förderte. Auf ganz andere Weise machte sich 1438 Karl VII. (1422–1461) von Frankreich verschiedene Beschlüsse des Baseler Konzils zu eigen, indem er ihnen in der Pragmatischen Sanktion von Bourges Gültigkeit für sein Land verlieh. Im Wesentlichen ging es hier darum, die Bischofswahlen vom päpstlichen Zugriff freizuhalten – ein wichtiges Erbe der *causa reformationis*, das nun seinerseits den Einfluss des französischen Königs auf die entsprechenden Wahlen in seinem Herrschaftsgebiet drastisch erhöhte. In denselben Kontext gehört das Verbot der Abführung von Annaten und Servitien an den Papst sowie die Einschränkung juristischer Appellationsmöglichkeiten nach Rom. Die französische Kirche löste sich nicht vom Papst, gewann aber an Selbständigkeit und stärkte zugleich die Verbindung mit dem König. Diese gallikanischen Freiheiten wurden, wenn auch mit Verspätung, letztendlich rechtlich abgesichert: In einem Konkordat gestand der Papst am Vorabend der Reformation 1516 der französischen Kirche ihre Freiheiten zu.

In Deutschland hingegen hat man diesen günstigen Moment verpasst: Das Wiener Konkordat, das Friedrich III. (1440–1493) mit Nikolaus V. (1447–1455) abschloss, sprach zwar ebenfalls von freier kanonischer Wahl der Bischöfe, aber Servitien und Annaten blieben dem Papst erhalten. Die damit verbundenen finanziellen Lasten gaben in der Folgezeit insbesondere den geistlichen Reichsständen immer wieder Anlass, »*Gravamina nationis Germanicae*« (Beschwerden der deutschen Nation) zu formulieren, die die Aussaugung der deutschen Kirche durch Rom beklagten, aber folgenlos blieben.

Dennoch gab es auch innerhalb des Reiches Tendenzen hin zu einer dezentraleren Struktur der Kirche, allerdings unterhalb der Reichsebene. Einzelne Territorien wie auch die Reichsstädte bewegten sich zu einer Kirchenstruktur hin, deren Eigenständigkeit gegenüber Rom wuchs. Besonders deutlich war dies im sächsischen Raum. Hier hatten regionale Entwicklungen im Zuge der allgemein typischen spätmittelalterlichen Verdichtung von Herrschaft dazu geführt, dass die nahe an den wettinischen Besitzungen liegenden Bistümer wie Meißen, Merseburg oder Naumburg faktisch unter die Oberhoheit der Wettiner geraten waren. Damit wurden diese Bistümer immer mehr zu einer Art von Landesbistümern: War es für das mittelalterliche Kirchenwesen selbstverständlich, dass die für die kirchliche Jurisdiktion bindenden Grenzen der Diözesen sich mit den territorialen Grenzen überschnitten (so dass gelegentlich sogar Teile des einem Bischof unterstehenden Territoriums jurisdiktionell einem anderen Bischof zugeordnet waren), so war nun nicht rechtlich, aber doch faktisch die jurisdiktionelle Gewalt der Bischöfe in den Landesbistümern stärker in Deckung mit der wettinischen Landesherrschaft gebracht. Seit der Leipziger Erbteilung von 1485 zerfielen diese in die beiden Gebiete des westlichen, ernestinischen, und östlichen, albertinischen Sachsens. Da der Bischof schon in der Wahl vom Landesherrn abhängig war, bedeutete dies, dass die ernestinischen Kurfürsten wie die albertinischen Herzöge weitreichende Möglichkeiten zur Kirchengestaltung hatten, die sie auch für vielfältige Reformen nutzten.[4] Dies zeigte sich nicht zuletzt in der Durchführung von Visitationen: Das Recht auf Besuch und institutionelle, religiöse und moralische Überprüfung vor Ort lag eigentlich beim Bischof, passte aber gut in die Bemühungen weltlicher Herrschaft um Verdichtung und Immediatisierung, d. h. eine alle Zwischenstationen überspringende Durchsetzung ihrer Herrschaft.

Angesichts solcher Möglichkeiten verwundert es nicht, dass es auch andernorts zu Bestrebun-

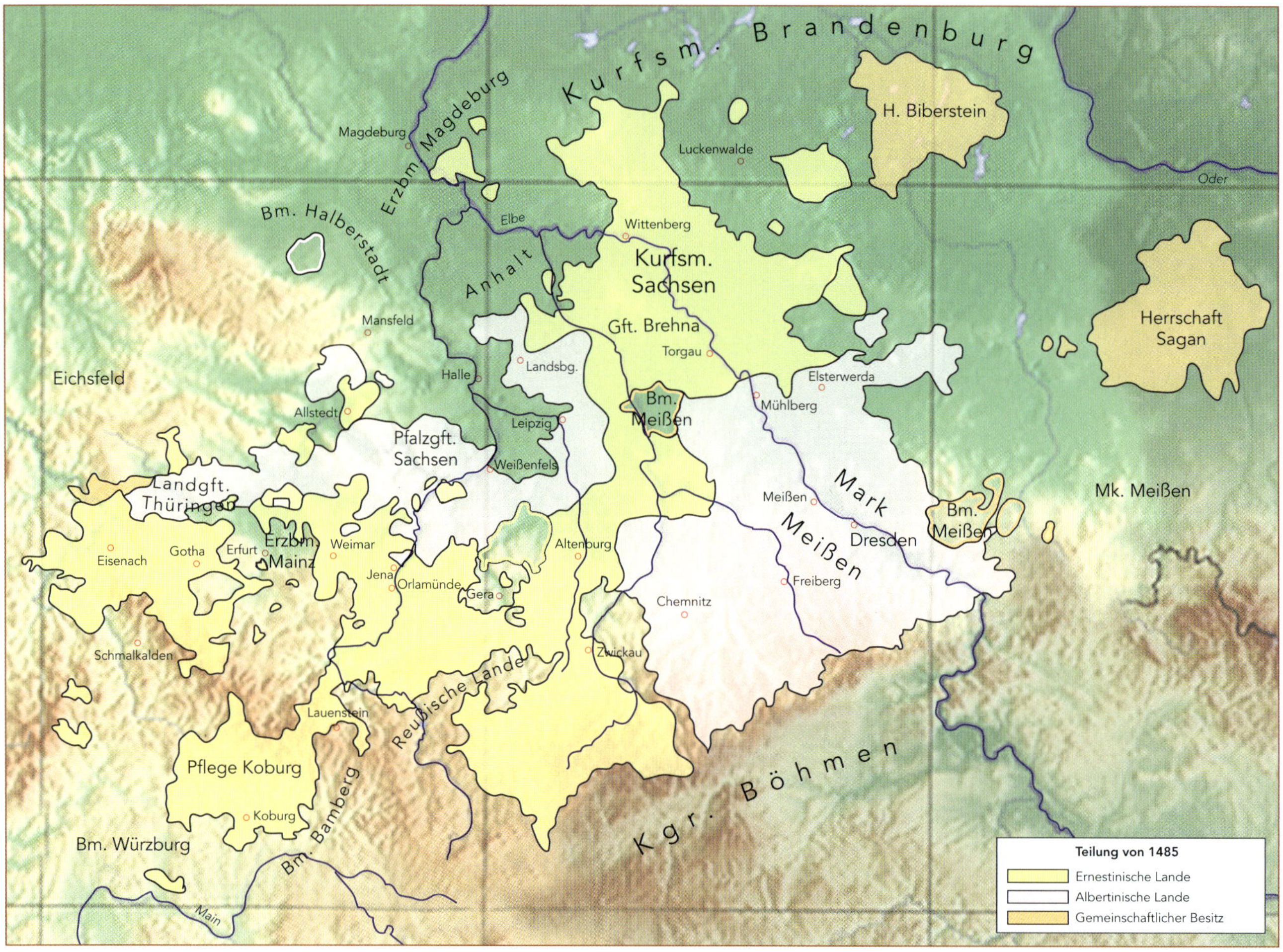

Landkarte des sächsischen Raums im 15. Jh.

In Sachsen, das ab 1485 in das ernestinische Kurfürstentum und das albertinische Herzogtum geteilt war, hatte sich im Zuge der spätmittelalterlichen Herrschaftsverdichtung auch der Zugriff der Landesherren auf die Bistümer intensiviert.

gen kam, die Kirche enger an die Landesgrenzen zu binden. Landgraf Philipp von Hessen (1518–1567) erreichte es nach dem Konzil von Pisa, dass er Stellen, über die ihm das Patronat zustand, ohne Einbeziehung des eigentlich zuständigen Mainzer Erzbischofs besetzen konnte. Auch wenn dies nicht gelang, haben doch seine Erben sich in ähnlicher Weise wie die Sachsen bemüht, durch Visitationen, vor allem Klostervisitationen, die landgräfliche Macht auf den kirchlichen Bereich auszudehnen und so das für jede Herrschaft destabilisierende Nebeneinander von kirchenrechtlichen und allgemeinrechtlichen Befugnissen aufzuheben. Diese Tendenz der Fürsten, eigenständig Kirchenpolitik zu treiben, war durch die labile Situation des Reiches ermöglicht, dessen Kaiser nur über wenige zentrale Machtmittel verfügte. Im Grundsatz änderte sich dies auch nicht, als Maximilian I. (1493–1519) im Jahr 1495 auf dem Wormser Reichstag und in der Folgezeit mehrere Maßnahmen in Gang setzte, die man gelegentlich etwas hochgegriffen als »Reichsreform« bezeichnet. Die wichtigsten waren die Einrichtung eines Reichskammergerichts und, etwas später, einer zweiten zentralen Rechtsinstanz, des Reichshofrates, wobei die Befugnisse beider Institutionen nicht immer klar abgegrenzt waren. Der Versuch, eine zentrale Reichssteuer einzuführen, scheiterte faktisch, so wie insgesamt die Reformansätze keine grundlegende Veränderung der Reichsverfassung etablierten.

Zu den Besonderheiten des Reiches gehörte auch die Existenz von Reichsstädten, d. h. Städten wie Straßburg, Nürnberg oder Ulm, die keinem Territorium innerhalb des Reichs zugeordnet waren, sondern unmittelbar dem Kaiser unterstanden. Auch hier zeigen sich die Dezentralisierungstendenzen, die vor allem darin bestanden, dass die Reichsstädte mehr und mehr ihre geistliche Versorgung in die eigenen Hände nahmen. Das Patronat über die Klerikerstellen ging immer mehr in die Verfügung der Räte über, die entsprechend die Personalpolitik in ihrem Bereich bestimmen konnten. Der Pfarrer und erst recht der eigens mit dem Auftrag der

DOM VON MEISSEN
Das Bistum von Meißen (hier der Meißener Dom und die Albrechtsburg) war faktisch zu einem sächsischen Landesbistum geworden.

Verkündigung eingesetzte Prediger rückte damit näher an das soziale Gemeinwesen der Stadt, die kirchliche Personalpolitik wurde zum Teil in die Entscheidungen integriert, die vor Ort – und damit auf das Ganze der Kirche gesehen dezentral – zu treffen waren.

Böhmen, Frankreich, die Territorien und die Städte des Reiches – diese Kirche des späten Mittelalters zeigte schon Mitte und Ende des 15. Jahrhunderts in ihrer Gesamtentwicklung ein ganz anderes Gesicht, als es die zeitgleiche papale Symbolik und Theorie beanspruchte. Das wegen seiner exzessiven, allen moralischen Ansprüchen hohnsprechenden Lebensführung vielfach geschmähte Renaissancepapsttum brachte die bis dahin höchste symbolische Selbstdarstellung des Papsttums als zentraler kirchlicher Macht Europas hervor. Seit der Abwehr der konziliaristischen Infragestellung konnten sich die Päpste in Rom neu etablieren. Das bis heute wahrnehmbare Kennzeichen dieser Selbstzelebration sind wesentliche Teile des Vatikans: Nikolaus V. veranlasste den Neubau des Petersdoms, der vor allem durch die Initiative Julius' II. (1503–1513) noch einmal kräftig vorangetrieben wurde, unter Sixtus IV. (1471–1484) begann die Errichtung und Ausstattung der Sixtinischen Kapelle, die Michelangelo (1475–1564) mit den Deckengemälden und 1536–1541 dem »Jüngsten Gericht« zur Vollendung brachte. Die Stanzen im Vatikan hat Raffael (1483–1520) in seinen letzten Lebensjahren ausgemalt. Und die Päpste zeigten sich dabei nicht nur als macht- und luxusbewusst, sondern auch als gebildete Vertreter ihrer Zeit, wenn in der »Schule von Athen« nebeneinander Aristoteles, die maßgebliche antike Autorität für die Philosophie des Mittelalters, und Plato flanierten, den Humanismus und Renaissance wieder neu zur Geltung gebracht hatten. Rom wurde in der Selbstwahrnehmung zum neu-alten Zentrum der Kirche – für viele angesichts der erwähnten moralischen Verwerfungen auch zum Inbegriff von deren Verfall. Der spanische Papst Alexander VI. (1492–1503), der, als wäre ein Vergehen gegen die zölibatäre Lebeweise ohne Bedeutung, seine eigenen Kinder für seine politi-

Petersdom im Bau

Der Neubau des Petersdoms in Rom war ein weithin sichtbares Zeichen für Macht und Kunstfreude der Renaissancepäpste. Zeichnung von Maarten van Heemskerck, 1536.

Stanzen des Vatikan: Schule von Athen

Die Stanzen des Vatikan sind in der Ausmalung Raffaels auch Programm: In der »Schule von Athen« sind die antiken Autoritäten des Mittelalters – Aristoteles – und des Humanismus – Plato – vereint.

schen Verbindungen nutzte und dessen Sohn Cesare gar zum Kardinal aufstieg, wurde gelegentlich geradezu als Ausgeburt des Teufels geschmäht. Die scharfe Kritik aber war nur die Kehrseite dessen, dass das Papsttum in den eigenen Augen und in den Augen mancher Anhänger seinen Gipfel erreicht hatte. Das schlug sich auch in der Theorie nieder: Nur wenige Generationen nachdem die päpstliche Macht noch am Konzil gehangen hatte, entwickelte nun Kardinal Juan de Torquemada (1388–1468) in seiner *»Summa de ecclesia«*, anknüpfend an Konzepte aus der Zeit unmittelbar vor dem avignonesischen Exil, den Gedanken einer uneingeschränkten Leitung der Kirche durch den Papst. Der Papst in Selbstwahrnehmung und Theorie das Zentrum der Kirche, real aber an vielen Orten kaum mehr gefragt – das war die Situation im ausgehenden 15. Jahrhundert.

Flugblatt gegen Alexander VI., um 1500

Die andere Seite des Renaissancepapsttums: Alexander VI. galt als verdorbener Amtsinhaber, der noch mit den Kindern, die er als Zölibatär gar nicht hätte haben dürfen, Politik machte.

Scholastik an den Universitäten und neue theologische Formen außerhalb

Auch das theologische Wissen der Zeit war nicht so einheitlich und monolithisch, wie es die Rückschau auf »das« Mittelalter gerne darstellt. Die negativen Untertöne, die schon früh diese Rückblicke begleiteten, erfassen nur einen Teil der mittelalterlichen Wirklichkeit: »Noch spitzer spitzen diese Spitzfindigkeiten die zahllosen Wege der Scholastiker – man fände sich rascher im Labyrinth zurecht als in dem Knäuel von Realisten, Nominalisten, Thomisten, Albertisten, Ockhamisten, Skotisten, und das sind erst noch nicht alle, nur die bekanntesten«, so hatte schon Erasmus von Rotterdam (1469–1536) genüsslich gespottet.[5] Und in allem Spott hat er auf die Vielfalt der Theologien im Mittelalter hingewiesen: »Realisten« und »Nominalisten« sind die kurz gefassten Bezeichnungen für das, was man heute eher als »Via antiqua« und »Via moderna« unterscheidet.

Erstere, der »alte Weg«, bewegte sich weitgehend auf den Bahnen des Thomas von Aquin (um 1224–1274), mancherorts, vor allem in Köln, auch auf denen seines Lehrers Albertus Magnus (um 1200–1280). Gemeinsam war den Vertretern dieser Richtung ein starkes Vertrauen in die Möglichkeit, die Geheimnisse Gottes rational erklären zu können. Die Überzeugung, dass begriffliche Arbeit auch die Realität erfasste, zeigte sich philosophisch am deutlichsten in der Lehre von den Allgemeinbegriffen, den Universalien. Diesbezüglich vertraten die Anhänger der *Via antiqua* in der Regel einen »Realismus«, nach dem die Universalien nicht nur innerhalb des begreifenden Verstandes existieren, sondern auch real außerhalb des Verstandes. Etwa die allgemeine Art Mensch ist nicht nur ein Produkt des zusammenfassenden Erkennens, sondern es gibt sie tatsächlich als reale Größe.

Die schärfste Gegenposition ist die des Nominalismus, nach dem die Universalien lediglich als *nomina*, Namen, existieren, und somit mehr oder minder zufällige Benennungen einer ebenso zufällig zusammengestellten Gruppe individueller realer Existenzen darstellen. Eine abgeschwächte Variante hiervon ist der Konzeptualismus, nach dem die Zusammenfassung nicht einfach durch Benennungen, sondern durch mentale Begriffe erfolgt, die nicht wie Namen oder Benennungen zufällig und willkürlich entstanden, sondern die Ähnlichkeiten, die in der Realität tatsächlich vorhanden sind, korrekt wiedergaben. Das Vertrauen in die Fähigkeit der Begriffe, Wirklichkeit zu erfassen, war also nicht völlig beseitigt, aber Vertreter dieser Richtung neigten zu einer sehr kritischen sprachanalytischen Arbeit am Begriff.

Beide Positionen, Nominalismus wie Konzeptualismus, fanden sich in dem breiten Strom der *Via moderna*. Allerdings waren die Gestalten, auf die diese sich berufen konnte, nicht immer ganz so eindeutig zu benennen wie im Falle der *Via antiqua*. Für viele der im ausgehenden Mittelalter von Paris aus gegründeten Universitäten

Thomas von Aquin
Prägend für die Via antiqua wurde Thomas von Aquin (gest. 1274).

wurde Johannes Buridan (ca. 1304/5–1358) zur entscheidenden Referenzgröße. Duns Scotus (1265/6–1308) konnte konzeptualistisch oder gar nominalistisch verwendet werden, allerdings auch realistisch. Und Wilhelm von Ockham (ca. 1285–1347), nach dem man oft die gesamte *Via moderna* als »Ockhamismus« zusammengefasst hat, erlebte nach Jahrzehnten geringer Bedeutung seine eigentliche Renaissance erst wieder im ausgehenden 15. Jahrhundert bei Gabriel Biel (ca. 1410–1495) in Tübingen und bei Luthers Lehrern in Erfurt. Wie im Falle der *Via antiqua* reduzierte sich die Bedeutung dieser Schulrichtung nicht auf die philosophisch beschreibbare Erfassung der Wirklichkeit, sondern machte sich auch in der Theologie bemerkbar. Die Probleme waren aus Sicht der Gegner rasch erkannt und benannt: Wer Schwierigkeiten hatte, »die Menschheit« als eine reale Größe außerhalb des Verstandes zu identifizieren, musste auch Mühe haben, zu erklären, wie ein einzelner Mensch, Jesus von Nazareth, menschliche Natur annehmen und damit die gesamte Menschheit erlösen sollte. Doch gab es auch bemerkenswerte Impulse aus dieser theologischen Richtung: Das Misstrauen in die Möglichkeit, Gottes Wirklichkeit aus Begriffen abzuleiten, führte dazu, die Offenbarung in der Bibel besonders in den Vordergrund zu stellen. Und die philosophische Vereinzelung jeden Individuums brachte es mit sich, dass Gottes Handeln stärker hinsichtlich des Einzelfalls auf den Begriff gebracht wurde. Hierzu diente die Unterscheidung der *potentia absoluta* und der *potentia ordinata*: der absoluten und der ordnungsgemäßen Macht Gottes. Letztere drückte aus, dass Gott sich an selbstgemachte Regeln hielt, auch wenn diese im Denken Ockhams manchmal nur Regeln für einen Einzelfall waren. Die *potentia absoluta* aber unterstrich, dass Gottes Macht weit über das hinausging, was er tatsächlich tat. Besondere Bedeutung hatte dies im Rahmen der Akzeptationslehre: Gott war, so war es schon bei Duns Scotus zu lesen, durchaus in der Lage, jemanden zum Heil anzunehmen, zu akzeptieren, ohne dass auf Seiten des Menschen irgendwelche Vorbedingungen erfüllt waren. Auch wenn damit nicht bestritten wurde, dass normalerweise der Glaubende sich um sein Heil bemühen und vor Gott akzeptable Leistungen erbringen sollte, war doch durch solche Überlegungen der Gedanke, dass der Mensch mit eigenem Tun Gott gegenübertritt, durch die Vorstellung einer radikalen Souveränität und Gnadenzuwendung Gottes durchbrochen. Dass darin das gnadentheologische Denken Augustins (354–430) widerschien, war manchem Vertreter der *Via moderna* durchaus bewusst.

Die unterschiedlichen Schulrichtungen prägten das Gesicht der spätmittelalterlichen Universität bis in die institutionelle Realität hinein: Die meisten Universitäten bestimmten, nach welchen Lehrbüchern unterrichtet werden solle, und legten so die Ausrichtung auf die *Via antiqua* oder *moderna* fest. Gelegentlich wurden, auf unterschiedlichen Lehrstühlen, auch beide zugelassen. Aber trotz dieser institutionellen Verhärtung ist das Bild der spätmittelalterlichen Theologie unzureichend erfasst, wenn man ausschließlich auf diese beiden *Viae* blickt. Es gab auch Versuche, eklektisch aus unterschiedlichen Richtungen das Beste zu nutzen, wie etwa in der Wiener Schule um Heinrich von Langenstein (gest. 1397) und Nikolaus von Dinkelsbühl (gest. 1433). In ihr findet sich zugleich ein anderes Moment, das sich dann durch das 15. Jahrhundert hindurchzog: die Ausrichtung der Theologie auf seelsorgerliche Bedürfnisse als eine innermittelalterliche Gegenbewegung zu der von Erasmus im Nachhinein so kritisierten Abstraktheit vieler scholastischer Bemühungen. Berndt Hamm hat diese Bewegung der Theologie als »Frömmigkeitstheologie«[6] charakterisiert und damit auf einen wichtigen Strang spätmittelalterlichen Denkens aufmerksam gemacht, dem nicht nur Gabriel Biel zuzurechnen ist, sondern auch Johannes von Paltz (1445–1511) und Johannes von Staupitz (ca. 1468–1524). An beiden ist die Bedeutung dieser theologischen Richtung für die reformatorische Theologie zu sehen. Beide waren, wie Luther, Angehörige des Augustinereremitenordens. Der eine, Johannes von Paltz, wirkte in Erfurt und verließ diesen Ort erst 1505, kurz nachdem Luther dort in das Kloster ihres gemeinsamen Ordens aufgenommen worden war. Der andre, Staupitz, sollte Luthers Lebensweg noch länger begleiten und wurde zu seinem wichtigsten Mentor und Beichtvater, auch wenn er am Ende den Weg in die Reformation nicht mitgehen konnte.

Nicht nur in der Frömmigkeitstheologie zeichnen sich Alternativen zur gängigen Theologie der *Viae* ab. Mindestens ebenso wichtig war die mystische Theologie. Ihre Wurzeln reichten in die Antike und das frühe Mittelalter zurück. Mit der Brautmystik Bernhards von Clairvaux (gest. 1153) hatte sie einen Höhepunkt im 12. Jahrhundert erlebt. Für das späte Mittelalter kamen dann wichtige Impulse von Meister Eckhart (gest. 1329) und zwei weiteren Theologen, Johannes Tauler (ca. 1300–1361) und Heinrich Seuse (ca. 1295–1366), die mit ihm gemeinsam der oberrheinischen Mystik zuzurechnen sind, die in der Öffentlichkeit, teilweise auch in der wissenschaftlichen Literatur, oft als »deutsche Mystik« bezeichnet wird. Obgleich Meister Eckhart zu den bedeutendsten Vertretern auch der scholastischen Theologie seiner Zeit zählte, kam der eigentliche Impetus dieser Theologie aus der Predigt. Ihre Fragestellung war, anders als die der scholastischen Theologie, nicht so sehr an der kognitiven, philosophisch reflektierten Erfassung der Wirklichkeit Gottes ausgerichtet, sondern an der Ermöglichung einer unmittelbaren Begegnung zwischen Gott und dem Glaubenden. So entstand eine eigene Form theologischer Reflexion, von der möglicherweise stärker innovative Impulse ausgingen als von der akademischen Theologie.

Am stärksten wurden die institutionellen Alternativen dann im Humanismus spürbar: Diese geistige Bewegung schuf sich neue Orte der Wissensproduktion und -weitergabe. Dies konnte ganz äußerlich und voller Symbolik der Fall sein, etwa als in Florenz um den Gelehrten Marsilio Ficino (1433–1499) die Akademie neu belebt wurde. Aber auch sonst bildeten sich immer wieder im Zusammenhang mit dem Humanismus neue Netzwerke: vor Ort, als *sodalitates*, bruderschaftliche Verbindungen, in denen sich Gelehrte trafen und über gemeinsame Interessen sprachen, aber auch orts- und regionenübergreifend durch die intensivierte Korrespondenz der Humanisten in ganz Europa. Das Wissen, philosophisches wie auch theologisches, war nicht mehr an den Universitäten monopolisiert, sondern hatte viele Orte, sich zu entfalten und Neuanstöße zu entwickeln.

Klerikale Kirche oder Kirche der Laien?

Mit der Mystik verband sich auch eine radikale Infragestellung der priesterlichen Macht zur Heilsvermittlung: Wo Christus den Glaubenden unmittelbar begegnen konnte, war nicht mehr recht deutlich, wozu eigentlich noch Sakramente gespendet werden mussten. Kirchliche Verurteilungen entsprechender Positionen zeigen, welches Potential hier entstand. So unterstellte die Bulle *»Ad nostrum«*, die 1311 auf dem Konzil von Vienne erlassen wurde, frommen Frauen, die als Beginen einen quasi-monastischen Lebensweg gewählt hatten, folgende Lehre: »Beim Emporheben des Leibes Jesu Christi dürfen sie nicht aufstehen und ihm ihre Verehrung erweisen: denn sie behaupten, dass es für sie ein Zeichen von Unvollkommenheit wäre, wenn sie von der Reinheit und Höhe ihrer Kontemplation so weit herabstiegen, dass sie irgendwie an die Ausspendung bzw. das Sakrament der Eucharistie oder an das Leiden der Menschheit Christi dächten«.[7] Ob sich diese Auffassung tatsächlich in entsprechenden Kreisen fand, ist nicht sicher. Gewiss aber ist, dass manche der mystischen Prediger, wie Eckhart oder Tauler, Lehren vertraten, nach denen etwa im Blick auf das Sakrament der Buße die innere Zerknirschung unmittelbar vor Gott von so hohem Gewicht sein konnte, dass sich mit ihr die Notwendigkeit, zum Priester zu gehen und vor ihm zu beichten, erübrigte.

Solche Auffassungen stellen, auch wo sie sich nicht ausdrücklich gegen die Kirche wandten, ein extremes Gegenüber zu einer Kirche dar, der es im Zuge des 13. Jahrhunderts gelungen war, das Leben der Glaubenden durchweg sakramental zu strukturieren und so auf die Begleitung durch Kleriker auszurichten. Das IV. Laterankonzil hatte nicht nur die Abendmahlslehre dogmatisiert, sondern im selben Zusammenhang auch die Pflicht etabliert, mindestens einmal jährlich vor dem Priester zu beichten. Und gegen Ende des Jahrhunderts hatte das Konzil von Lyon 1274 den Reigen der sieben Sakramente so definiert, dass auch die Ehe hierzu gerechnet wurde. Von der Taufe bis zur Letzten Ölung war der Lebenszyklus sakramental strukturiert. Im Jahresverlauf boten die Eucharistie und vor allem die ihr notwendig vorgeschaltete Buße Berührungspunkte zwischen Klerus und Laien, die sich in der Beichte auch auf eine moralische Beobachtung der Lebensführung erstreckten.

Zugleich gaben sie der steigenden Anteilnahme von Laien an Fragen des Heils Ausdruck. Die spätmittelalterliche Kirche war keineswegs nur jene Heilsanstalt, in der die Laien empfingen, was ihnen die Kleriker zu vermitteln bereit waren, wie es etwa das Bild von der Hostienmühle suggerierte, in der das Wort Gottes zum eucharistischen Brot verarbeitet wird. Sie war auch eine Kirche, in der die Laien begannen, sich selbst um die Fragen ihres Heils zu kümmern. Eine der wichtigsten Entwicklungen in dieser Hinsicht ist der Anstieg der Lesefähigkeit insbesondere in den Städten. Die Laien selbst konnten

Darstellung vom Jüngsten Gericht
Noch im Gericht werden Kleriker und Mönche von den Laien deutlich abgehoben. Fresko des Andrea da Firenze in S. Maria Novella, Florenz, um 1365.

Hostienmühle
Die Hostienmühle zeigt die Vermittlung des Heils an die Laien: Das Wort Gottes wird zum Brot des Sakramentes verarbeitet. Graduale aus dem Augustiner-Chorfrauenstift Neuwerk in Erfurt, 14. Jahrhundert.

sich nun auch über religiöse Fragen informieren und taten dies auch. Ein Signal hierfür ist der Traktat *»De libris teutonicalibus«* Zerbolts von Zutphen (1367–1398). Zerbolt reflektierte darin über die Frage, welche Bücher sinnvollerweise übersetzt und damit für einen weiteren Gebrauch zur Verfügung gestellt werden sollten. Die Regeln bedeuteten zwar eine gewisse Einschränkung dessen, was in die Hände der lesekundigen Laien geraten sollte, bejahten aber grundsätzlich die Lektüre der Bibel und geistlicher Schriften durch Laien. Zu den bedeutendsten Werken in diesem Zusammenhang gehörte die »Nachfolge Christi«, die von Thomas von Kempen (1379/80–1471) wohl nicht verfasst, sondern aus Traktaten zusammengestellt wurde und in zahlreichen Abschriften kursierte. Eine Fülle anderer Abschriften religiöser Literatur zeigt das gestiegene Interesse, in den drängenden Fragen des Heils sich selbst kundig zu machen.

Es erstaunt nicht, dass entsprechend auch die Predigttätigkeit in den Städten verstärkt wurde. Anfänglich vor allem durch die Bettelorden bedient (die allein schon wegen ihrer Lebensgrundlagen – eben der Ernährung durch Bettel – die Nähe von Städten suchen mussten und diese dann umgekehrt geistlich versorgten), führte die Nachfrage nach Predigten immer mehr zu der oben schon erwähnten Einrichtung zusätzlicher Stellen. Bedeutende Prediger wie etwa Geiler von Kaysersberg (1445–1510) versorgten die Bevölkerung mit nachvollziehbarer Auslegung des Glaubens – und sparten nicht mit Kritik an Missständen in Klerus und Gemeinde. Doch nicht nur nach der Predigt war die Nachfrage groß: Auch das Sakrament blieb selbstverständlicher Mittelpunkt der zunehmend gebildeten bürgerlichen Religiosität von Laien, wurde aber in einer Weise in diese eingebettet, die aus der Abhängigkeit der Laien vom Klerus gewissermaßen unter der Hand eine Abhängigkeit der Kleriker vom Laien machte. Das Mittel hierfür waren die überall aus dem Boden sprießenden Bruderschaften. In ihnen versammelten sich, oft in Parallele zu den Handwerkerzünften, gleichgesinnte Bürger zu einem Gebets- und in der Regel auch einem Wohltätigkeitszweck und finanzierten zugleich einen Priester, der durch den Vollzug der Messe eben jenen Aufgaben dienen sollte. Die objektive Heilswirkung des Altarsakramentes war selbstverständliche Voraussetzung dieser Tätigkeit, welche jedoch in die Vielfalt sozialer Bezüge eingebunden wurde, die in die Bruderschaften einflossen. Wie weit verbreitet solche Bemühungen waren, zeigt sich ganz äußerlich an der Vielfalt von Kapellen, die im Spätmittelalter entstanden, oft als Umbau und Erweiterung älterer Kirchen. So griffen die Notwendigkeit der Heilsvermittlung durch den Klerus und die Teilhabe der Laien an diesem Geschehen ineinander.

Es gab noch andere Formen in der Lebenswirklichkeit, in denen sich zeigte, wie der Ort der Laien in der Kirche neu bestimmt wurde. Schon bei Johannes Tauler war der Gedanke aufgetreten, dass auch die Tätigkeit in Handwerk und Landwirtschaft als »ruoff« Gottes zu verstehen sei,[8] dass also nicht allein der Rückzug in die Welt des Klosters einer Berufung durch Gott folgte. Hier liegen die Wurzeln des modernen Wortes »Beruf«, in dem sich nach diesem theologischen Hintergrund der Gedanke niederschlägt, dass Gott die Menschen als Kleriker, Klostermenschen wie Laien in die von ihm gewollte Aufgabe hineinruft. Dieses Bewusstsein, von Gott bestimmt zu sein, konnte den gesamten Alltag durchdringen. Bei Weberinnen aus dem Milieu der *Devotio moderna*, einer auf Innerlichkeit ausgerichteten Frömmigkeitsbewegung vor allem in den Niederlanden, lässt sich nachzeichnen, wie sie ihre Handarbeit durch Betgesänge begleiteten.[9] Nicht in Form des klösterlichen Stundengebets, wohl aber in der steten Begleitung durch Gebete war auch ihr Alltag von der Anrufung Gottes bestimmt. Und auch der Heiligenhimmel wurde immer sichtbarer zu einem Reflex der bürgerlichen Welt. Bezeichnend hierfür ist der Anstieg des Annenkultes im späten Mittelalter[10]: Anna war der Name, den schon das Protoevangelium Jacobi (ein Text aus dem

Gregorius

Predigt in spätMA. Kirche

Die Laien wollten wissen, worum es in ihrem Glauben ging: Im späten Mittelalter gewann die Predigt eine immer größere Bedeutung. Die Predigt des heiligen Gery (Gaugerich) des Meisters von Sainte-Gudule, um 1470/90. Im Hintergrund die Kirche Sainte-Gudule. Paris, Musée du Louvre.

Anna Selbdritt

In der Heiligen Familie konnte sich die bürgerliche spiegeln.

zweiten Jahrhundert, der keine Aufnahme in den biblischen Kanon gefunden hatte) der Mutter Mariens zugewiesen hatte. Im 15. Jahrhundert wurde sie zu einer der beliebtesten Heiligen. In ihr konnte sich die bürgerliche Familie wiedererkennen, wenn sie als Großmutter zusammen mit Maria und Jesus in der Figur der »Anna Selbdritt« dargestellt wurde oder wenn gar ein Sippenaltar die gesamte weitläufige Verwandtschaft, wie sie aus der Bibel und den apokryphen Schriften zu rekonstruieren war, darstellte. Nicht allein das Leben der Askese im Kloster oder als Kleriker, so stand es dem Betrachter vor Augen, ermöglichte Heiligkeit, sondern auch das für Laien typische Leben im Verband der Familie.

Die darin sich andeutende Spannung zwischen klerikaler Verfassung der Kirche und einer zunehmenden Laisierung der Religiosität bildete nicht nur eine friedliche Polarität heraus, sondern brachte auch massive Spannungen mit sich:

Spott über die Mönche

Moralisch verdorbene Mönche und Kleriker waren ein beliebtes Spottbild im späten Mittelalter: eine französische Illustration des 15. Jahrhunderts zu Boccaccios »Decamerone«.

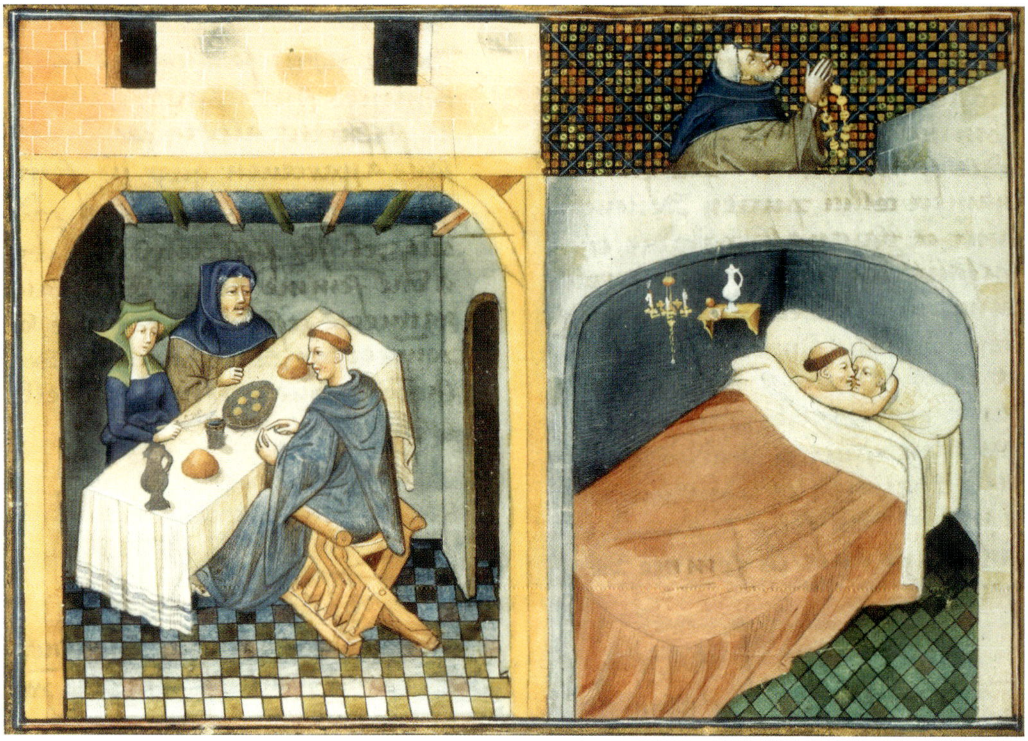

In vielen Kreisen verbreitete sich eine Haltung des »Antiklerikalismus«. Sein Grundimpuls war die Diskrepanz zwischen der ethischen Forderung nach Reinheit und der faktischen Lebensführung der Kleriker sowie der Mönche und Nonnen. Dies hatte schon im Zusammenhang des Investiturstreites im 11. Jahrhundert die Konflikte in den oberitalienischen Städten angeheizt; nun wurde der Typus des moralisch verderbten Mönchs oder Priesters zu einer verbreiteten Chiffre. Beredten Ausdruck gab ihm eines der berühmtesten Literaturwerke am Übergang vom Mittelalter zur Renaissance: das »Decamerone« von Giovanni Boccaccio (1313–1375). Während der Pest flohen nach der Haupterzählung des Werkes zehn junge Männer und Frauen aufs Land und vertrieben sich die Zeit durch Geschichtenerzählen. Wichtigster Gegenstand des oft recht derben Humors war immer wieder der moralische Verfall der Geistlichen. Sexuelle Vergehen und Geldsucht – das waren die wichtigsten Vorwürfe, die auch durchaus handfester daherkommen konnten als in der ironisch-heiteren Schreibweise eines Boccaccio. Im Frühjahr 1476 trat im Taubertal der Hirte Hans Behem (hingerichtet 1476) als »Pfeifer von Niklashausen« auf, der den weltlichen, aber auch den geistlichen Großen im Namen Gottes und vor allem im Namen der ihm in einer Vision erschienenen Gottesmutter die Leviten las. In einem kritischen Bericht über seine Predigt hieß es: »Item, die geistlichen haben vil prynden (Pfründen); sal nyt sin, sollen nyt meher haben dan von eynem mall zum andern. Item, sy werden erslagen, und in kurtz wurt eß darzu kommen, daß der priester mochte die platt bedecken myt der hant; dett er gern, daß man in nyt kennet«.[11] Unverhohlen klingt hier heraus, dass gerade der durch den Haarschnitt (die hier als »platt« bezeichnete Tonsur) erkennbare Kleriker bald mit Gewalt zu rechnen haben sollte. Auch wenn solche Drohungen Ausnahmen blieben – die Gläubigen des späten Mittelalters hatten sich, bei aller Abhängigkeit von den Klerikern, vielfach schon weit von diesen entfernt. Inmitten einer klerikalen Kirche war eine Kultur der Laienreligiosität gewachsen.

Äußerliche Religiosität oder der Weg nach innen?

Mit dem Gegensatz von klerikaler Kirche und Laienreligiosität geht die Polarität von äußerlich-quantifizierender und verinnerlichender Religiosität einher. Wie sich allerdings schon im Zusammenhang der Bruderschaften, in denen sich Laienengagement durchaus rund um sakramentale Versorgung kristallisieren konnte, gezeigt hat, sind auch hier die Pole nicht einfach gruppenspezifisch aufzuteilen. Dieselben Personenkreise können an beiden Formen, äußerlicher wie verinnerlichender Frömmigkeit, teilhaben.

Hintergrund für die Veräußerlichungstendenzen war ein Grundzug schon früh- und hochmittelalterlicher, verstärkt dann aber auch spätmittelalterlicher Religiosität, der sich als Repräsentationsfrömmigkeit beschreiben lässt: Das, der oder die Heilige wurde auf unterschiedliche Weisen in der Wirklichkeit der Menschen präsent und überbrückte damit Zeiten und Räume. Dieser Gedanke stand etwa hinter der Verehrung von Reliquien, aber auch hinter der Bedeutung von Bildern, in denen, gedacht als wahre Abbilder, auch das jeweilige Urbild anteilgebend präsent war. Er konnte sogar eine ganze Lebensführung prägen, am augenfälligsten bei Franz von

Heiliggrab aus Görlitz

Auch heilige Orte konnten an anderer Stelle neu präsent werden: das Heiliggrab in Görlitz, eine Kopie der Jerusalemer Grabkirche aus dem 15. Jahrhundert, in einem Holzschnitt des 17. Jahrhunderts und in heutigem Zustand.

Assisi (1181/2–1226), von dem berichtet wurde, dass er die Stigmata am eigenen Leibe erhalten habe. Hier zeigt sich, welche Dynamik in dem Gedanken des Präsentwerdens stecken konnte. Auf ganz andere Weise konnte Handlungsdynamik freigesetzt werden, wenn etwa der vermögende Bürger Georg Emmerich (1422–1507) in Görlitz einen Nachbau des heiligen Grabes erstellen ließ. So wurden die heiligen Stätten in Mitteleuropa erfahrbar. Freilich zeigt dieser Vorgang auch schon augenscheinlich, wie die Dynamik, die aus der Repräsentationsfrömmigkeit entsprang, sich geradezu ins Gegenteil verkehren konnte: Dass nun das Heilige Land in Europa präsent war, verkürzte auch die Wege, die man als Pilger zurücklegen musste, um Anteil an der Präsenz der Heilsgeschichte auf Erden zu erhalten. Ähnliches lässt sich an anderen Beispielen nachvollziehen: Wichtige Reliquien wie der Heilige Rock in Trier, der 1512 öffentlich gezeigt wurde, oder als heilig geltende Bilder wie die Schöne Maria in Regensburg lösten gewaltige Pilgerströme aus – im Jahre 1520 wurden in Regensburg über hunderttausend Wallfahrtsplaketten verkauft. Aber beide Gegenstände der Verehrung bewirkten nicht nur solche Dynamik, sondern waren auch mit der eher statischen Vorstellung verbunden, dass das Heilige, in Raum und Zeit eingeschränkt, einen festen Ort in dieser Welt hat, und dass Menschen in der Lage sind, mit ihm umzugehen. Bestimmte Reliquien oder Bilder können durch Menschen gezeigt werden. Das Heilige ereignet sich nicht momenthaft und spontan, sondern planbar aufgrund von – wiederum klerikal gesteuerten – Vorgängen, in denen diese Medien konzentrierter Heiligkeit öffentlich zur Schau gestellt werden.

Abbildung der Wallfahrt zur Schönen Maria

Pilgerreisen wurden zu Massenereignissen – so 1520 bei der Wallfahrt zur Schönen Maria in Regensburg.

Stigmatisierung des Franz (Giotto)

Im Heiligen wurde Christus präsent – am nachdrücklichsten zeigt dies die Erzählung von der Stigmatisierung des Franz von Assisi.

Cranach, Fürsten-altar
Friedrich der Weise von Sachsen demonstrierte auf Cranachs Fürstenaltar von 1509/10 seine Frömmigkeit.

Gregorsmesse
Erzählung und Darstellung der Gregorsmesse unterstreichen die Realpräsenz Christi in der Eucharistie. Gemälde von Thoman Burgkmair, 1496.

Nur ein Beispiel für viele und doch für den Verlauf der Reformationsgeschichte von besonderem Interesse ist hierbei das Wittenberger Heiltum: Der sächsische Kurfürst Friedrich der Weise (1486–1525) hatte einen gewaltigen Schatz an Reliquien zusammengetragen, der regelmäßig in der Schlosskirche öffentlich gezeigt wurde. Dieser Schatz wurde durch ein eigenes Büchlein, geradezu eine Art Reiseführer, erschlossen, das 1509 mit Illustrationen Lucas Cranachs versehen in Wittenberg erschien. Die Texte dieses Buches zeigen in der Form der Auflistung der einzelnen Reliquien sehr deutlich, was oben als »quantifizierend« beschrieben wurde: Hier wird gezählt und gerechnet, die schiere Menge wirbt für den Heiltumsschatz. Sie verweisen vor allem auf einen weiteren Aspekt veräußerlichter Frömmigkeit: die Hoffnung auf Ablass, die sich auch in allen anderen Formen von Wallfahrten und dergleichen immer wieder findet.

Die intensive Repräsentationsfrömmigkeit also, die auf der Überzeugung beruhte, dass diese Welt durch vielfältige Formen der Präsenz Gottes durchwirkt ist, die dessen gnädige Zuwendung ermöglichen, führt hinein in den Bereich des wohl bekanntesten Auslösers für die Reformation: den Ablass. Mit dem Ablass ist ein Nachlass von Sündenstrafen gemeint, wie sie im Rahmen des Bußsakramentes vorgesehen waren. Buße bestand nach mittelalterlichem Verständnis aus innerer Reue, der Beichte und Wiedergutmachung. Im frühen Mittelalter hatte sich hier ein System entwickelt, das Wiedergutmachung nicht mehr so sehr, wie im Zusammenhang des antiken Christentums, als grundlegende Rückkehr in den Stand eines Christen verstand, aus dem man durch schwere Sünden gefallen war, sondern als Ableistung tariflich berechenbarer Strafen. Diese konnten nun aber auch durch andere als den Sünder und Büßenden selbst abgeleistet werden, insbesondere durch Mönche, die sich selbst in ihrem asketischen Leben nichts hatten zuschulden kommen lassen und nun für andere die notwendigen Bußübungen überneh-

IHS

SCHMERZENSMANN
Im Leiden wird Christus nahe: der Schmerzensmann (Lucas Cranach d. Ä.).

men konnten. Dieses im frühen Mittelalter grundgelegte System wurde immer stärker ausgefeilt und erhielt eine besondere Note mit der vordringenden Überzeugung, dass bestimmte zeitliche Sündenstrafen überhaupt erst im Jenseits abgeleistet werden können – an einem Zwischenort, der die Topographie des Jenseits aus Hölle und Himmel bereicherte: dem Purgatorium. Was im Deutschen traditionell verengend als »Fegefeuer« bezeichnet wird, bedeutet zunächst einmal schlicht einen Reinigungsort. So lasteten auf dem einzelnen Menschen unter Umständen Bürden, die in diesem Leben gar nicht abzuleisten waren. Hier aber konnte, so erklärte es Papst Clemens VI. (1342–1352) in seiner Bulle »Unigenitus« von 1343, die Kirche mit dem von Christus erworbenen und durch die Heiligen vermehrten Schatz der Kirche, dem *thesaurus ecclesiae*, Abhilfe schaffen: Sie verfügte über ein Übermaß von guten Taten, die zur Tilgung der Schulden der einzelnen Gläubigen aufgewandt werden konnten.

Es dürfte kein Zufall sein, dass diese fiskalisierende Deutung des Gottesverhältnisses gerade in der Zeit des avignonesischen Exils so deutlich unterstrichen wurde. Sie bildete im späten Mittelalter die Grundlage dafür, dass nicht nur einzelne Frömmigkeitsleistungen, sondern auch der Kirche übertragene Geldleistungen Ablass verdienen konnten: Das Heil im Jenseits wurde bezahlbar, nach einer Bulle von Sixtus IV. nicht nur für einen selbst, sondern auch für die schon verstorbenen Anverwandten. In einer gewaltigen »Solidargemeinschaft zwischen Lebenden und Toten« (Jacques LeGoff)[12] wurden weltliche Güter und ewiges Gut austauschbar.

Gegen diese Veräußerlichung des Bußwesens gab es schon im späten Mittelalter Protest, vor allem gespeist aus mystischen Formen von Frömmigkeit. Schon Meister Eckhart und Johannes Tauler machten deutlich, dass Buße eigentlich nicht in äußerlichen Übungen bestand, sondern betonten unter den drei Stufen des Bußsakramentes – Reue, Beichte und Wiedergutmachung durch Werke – vor allem den ersten, und dies so konsequent, dass dieser allein geradezu den gesamten Vorgang einer sakramentalen Buße ersetzen konnte. Im Glaubenden sollte der Mensch als innerer Mensch neu begründet werden und von hier aus sein Leben neu gestalten. Dieser mystische Gegenentwurf zur quantifizierenden Ablasspraxis lief einher mit der vor allem in antiklerikal orientierten Kreisen betonten Kritik an der Kirche. Doch auch hier gilt wiederum, dass es durchaus Theologen wie etwa Johannes von Paltz geben konnte, die eine auf das Innere ausgerichtete Frömmigkeitstheologie mit einer Bejahung des Ablasses verbinden konnten, weil gerade dieser in der Lage schien, den unruhigen Gewissen Sicherheit zu verschaffen.

Neben der Buße – und wohl noch über sie hinaus – war das wichtigste Sakrament des Mittelalters die Eucharistie. Sie ist geradezu das Zentrum der Repräsentationsfrömmigkeit, insofern in ihr immer wieder neu das Opfer Christi präsent werden sollte – und, das war von besonderer Bedeutung, auch präsent blieb: Man hatte nun, war noch etwas von den Hostien der eucharistischen Feier übrig, nicht nur Partikel von Heiligen, sondern vom Leib Christi selbst. Aber nicht nur dieser neuerliche Umschlag von dynamischer Bewegung zu statischer Gegenwart stellt eine der Nahtstellen dar, an denen später die Reformation einsetzen konnte. Hierzu gehört auch die Vorstellung, dass das Präsentwerden Christi als eine neue Realwerdung des Kreuzesopfers verstanden wurde, das nun auch seinerseits Wirkung entfaltete. Es wurde bereits oben darauf hingewiesen, welch starke Bedeutung im Rahmen des Bruderschaftswesens der theologische Gedanke hatte, dass die Messe gewissermaßen objektiv wirkte: Nicht die individuelle Teilnahme an ihr brachte das Heil, sondern die in ihr vollzogene Opferung eignete der Kirche oder auch spezifischen Gruppen das Heil zu. Die Messe war damit eine Dienstleistung für die Glaubenden, die der Priester in der später polemisch als »Winkelmesse« angegriffenen Form der Privatmesse auch ohne Gemeinde vollziehen konnte. Wichtig war hierfür vor allem, dass tatsächlich Christus prä-

Vesperbild
Das Vesperbild gibt Anlass, sich in der Meditation in die Trauer Mariens und das Leiden des Gekreuzigten zu versenken. Mittelheim, St. Ägidius, um 1420.

sent wurde, und dies wurde im späten Mittelalter auch wiederholt in Erinnerung gerufen, am deutlichsten in der seit dem frühen 15. Jahrhundert vielfach dargestellten sogenannten Gregorsmesse: Papst Gregor der Große (590–604) habe, so wurde in einer Legende berichtet, eine Vision gehabt, in der sich die Hostie in einen Finger verwandelte. Dies wurde nun zum Bildmotiv des Schmerzensmannes ausgebaut, dessen Blut in den Kelch fließt. Hier zeigt sich eindrücklich, wie veräußerlichte Frömmigkeit, Betonung der eine objektive Wirkung garantierenden Realpräsenz Christi im Sakrament und innerliche Frömmigkeit ineinanderglitten. Der Typus des Schmerzensmannes war wie der des Vesperbildes von besonderer Bedeutung für mystische Frömmigkeit und diente der Anleitung zur Meditation. Entsprechend konnte die Eucharistie zum Anstoß für mystische Visionen werden.

Freilich gab es auch hier andere Akzentsetzung. So hat Johannes Tauler in einer Predigt zum Fronleichnamstag gerade nicht den objektiven Bestand einer für die Glaubenden vollzogenen Messe in den Vordergrund gestellt, sondern das Moment, dass der Mensch seinem Herrn nahe komme, indem er ihn esse. Das bedeutete nicht nur einen äußerlichen Essensvorgang, sondern schlug in der Deutung Taulers in einen innerlichen Vorgang des Gegessenwerdens durch Christus um: jene Zerknirschung, die für ihn das Zentrum der Buße ausmacht. Welche Bedeutung diese Gedanken des frühen 14. Jahrhunderts noch besaßen, zeigen die Drucke von Taulers Predigten und die intensiven Lesespuren in den erhaltenen Exemplaren[13] – einer der begeisterten Leser Taulers Anfang des 16. Jahrhunderts war der Augustinereremit Martin Luther. Die mystische innerliche Deutung der Eucharistie war nicht die einzige Form der Aufsprengung des objektivierend-quantifizierenden Umgangs mit diesem Zentralsakrament. Die Tatsache, dass im späten 15. Jahrhundert eine deutschsprachige Messerklärung[14] verfasst wurde, verweist in eben jenen schon oben angesprochenen Kontext intensivierter Laienfrömmigkeit.

Laien waren, das ist die eine Seite der spätmittelalterlichen Frömmigkeit, die – durchaus freudigen – Empfänger einer für sie bestimmten objektiven Heilsvermittlung durch den Klerus. Auf der anderen Seite aber suchten sie nach Teilhabe, nach Bereicherung ihres Verstehens und ihrer inneren Erbauung – und im politischen Bereich auch nach Möglichkeiten aktiver Gestaltung. Es ist dieses spannungsvolle, in sich äußerst vitale Neben- und Gegeneinander unterschiedlicher Tendenzen, das das späte Mittelalter prägt. Aus ihm wuchs in einem komplexen Transformationsprozess die Reformation heraus: Mit vielem brach sie, vieles aber führte sie auch fort und intensivierte es.

II.

Neue Wege

Renaissance und Humanismus

Die Entwicklungen in Europa liefen alles andere als parallel. Aus deutscher, zumal protestantischer Sicht gilt die Reformation als großer Einschnitt, mit dem das Mittelalter an sein Ende kam. Weitet man den Blick auf Italien, so sind hier schon viel früher, in der Renaissance, Neuanfänge zu greifen. Und wie bei der Reformation, so wird auch hier diskutiert, ob der Bruch mit dem Mittelalter tatsächlich so stark ist, wie es etwa Jacob Burckhardt im 19. Jahrhundert proklamiert hatte, oder ob nicht eher von einem allmählichen Herauswachsen aus dem Mittelalter zu sprechen ist. Für die Renaissance als Kunstform wurde jedenfalls entscheidend, dass dezidiert an die Formensprache der römischen Antike angeknüpft wurde. Architektonisch orientierte man sich an den zehn Büchern des Vitruv aus dem 1. Jahrhundert vor Christi Geburt und stellte Symmetrie und Proportion in den Mittelpunkt der eigenen Ideale. Für die Geschichte der Religiosität einschneidender wurden aber Änderungen in der Malerei.

Wie wenig die Burckhardt'sche Vorstellung eines sich von christlicher Dominanz emanzipierenden »Renaissancemenschen« zutrifft, zeigt sich daran, dass sich gerade mit der Ausstattung der Oberkirche von San Francesco in Assisi, der Grabeskirche des Franz von Assisi, der Name von Giotto di Bondone (gest. 1337) und seiner Schule verbindet, der seit Giorgio Vasari (1511–1574) als Gründergestalt der Renaissance gilt. Das fromme Motiv freilich rückte in einen neuen

Giotto, Der hl. Franziskus befreit die Stadt Arezzo von Dämonen
Die Darstellung des mittelalterlichen Heiligen Franz von Assisi mündet in die Renaissancekunst Giottos. Fresko, um 1295/1300, Assisi, S. Francesco, Oberkirche.

Horizont. Dass man von nun an Bilder in der Regel mit identifizierbaren Künstlern verbinden kann, zeigt etwas von dem neuen Geist. Bis dahin war das »Bild vor dem Zeitalter der Kunst«[1] vor allem aus seinem kultischen Zusammenhang heraus verstehbar. Seinen Gegenstand rückte es in die religiöse Sphäre dadurch ein, dass heilige Personen vor einem Goldgrund gemalt wurden, der die diesseitige Realität durchscheinend für das Jenseitige machte. Mit der Renaissancekunst aber wurde gerade das Diesseits künstlerisch konstitutiv. Das drückte sich in der Perspektive, aber auch in der individuellen Gestaltung von Personen und der am Lebensalltag der Menschen orientierten Gestaltung ihres Ambientes aus. Die Heiligen verloren hierdurch nichts an Heiligkeit, aber sie wurden verstärkt in ihrer Wirksamkeit unter den Menschen in dieser Welt wahrgenommen. Auch die Motivik erweiterte sich. Allmählich rückte immer mehr an antik-paganem Gut in die Kunst ein. Wie dies geschehen konnte, zeigt eines der ersten großen Literaturwerke der Renaissance, die *Divina Commedia* Dantes (1265–1321). Auch hier ist das Thema tief in der mittelalterlichen Religiosität verwurzelt: Der Dichter durchschreitet die Topographie des Jenseits. Sein Führer dabei ist Vergil – auch das war für mittelalterliches Denken nicht abwegig, galt doch Vergil durch seine vierte Ekloge als einer jener Heiden, die Christus prophezeit hatten. Doch gewann er an Selbständigkeit, und Dantes Hauptwerk, in dem schonungslos erst jüngst verstorbene Gestalten Straforten im Jenseits zugeordnet wurden, zeigte eine Betonung der Individualität und eine Formsprache, die über das im Mittelalter Übliche deutlich hinausgingen. Auch sonst rückten nun immer mehr die paganen Dichter und Philosophen – über den in der gesamten Scholastik als »der« Philosoph präsenten Aristoteles hinaus – in dass Bewusstsein der gegenwärtigen Literatur, und auch die Malerei fand neue Stoffe. Die antiken Sagen wurden neu wahrgenommen und mit ihnen auch deren Götter künstlerisch dargestellt, so wie umgekehrt auch biblische Gestalten nach dem Typus paganer Heroen gestaltet wurden wie etwa, Anfang des 16. Jahrhunderts, in der berühmten Davidskulptur Michelangelos.

Mittelpunkt dieser künstlerischen Entwicklung waren Norditalien und die Niederlande, doch waren die Auswirkungen auch in Deutschland zu spüren. So konnte 1509 Lucas Cranach in Wittenberg eine Venus mit Cupido darstellen und damit nicht zuletzt auch demonstrieren, dass die Entdeckung der antiken Stoffe auch zur Darstellung des nackten menschlichen Körpers befreite. Das Thema der Venus hat er übrigens auch nicht aufgegeben, als er schon Maler der Reformation geworden war.

Bedeutsam wurde für die Reformation aber vor allem die geistige Strömung, die mit der Renaissance einherlief: der Humanismus. Wiederum sind ältere Vorstellungen heute kaum mehr aufrechtzuerhalten, die den Humanismus von einem bestimmten, womöglich a-christlichen Menschenbild her verstanden. Zwar gibt es ein neues Nachdenken über den Menschen, greifbar etwa in dem Traktat *»De hominis dignitate«* Picos della Mirandola (1463–1494) von 1486. Zunächst aber ist auch der Humanismus aus der mittelalterlichen Bildungskultur herausgewachsen: Die in den *artes* der Universität beheimateten *studia humanitatis,* die sich mit den Produkten menschlicher Kultur befassten, wurden intensiviert. Vor allem wollte man die antiken Quellen nun ganz und rein wahrnehmen, was zum selbstverständlichen Studium der alten Sprachen, vorrangig des Griechischen, aber auch des Hebräischen führte. Die humanistischen Bestrebungen sind wiederum zunächst vor allem in Italien zu greifen. Einen ersten Höhepunkt stellte das Werk Francesco Petrarcas (1304–1374) zu einer Zeit dar, zu der der deutsche Sprachraum hiervon noch kaum berührt war. Hierhin gelangte der Humanismus erst, als er in Italien bereits seine volle Blüte erlangt hatte. Eines der wichtigsten Zentren wurde Florenz – nicht zuletzt beflügelt dadurch, dass das hierher verlagerte päpstliche Konzil auch den Ausgleich mit den Griechen herbeiführte und diese das dort schon

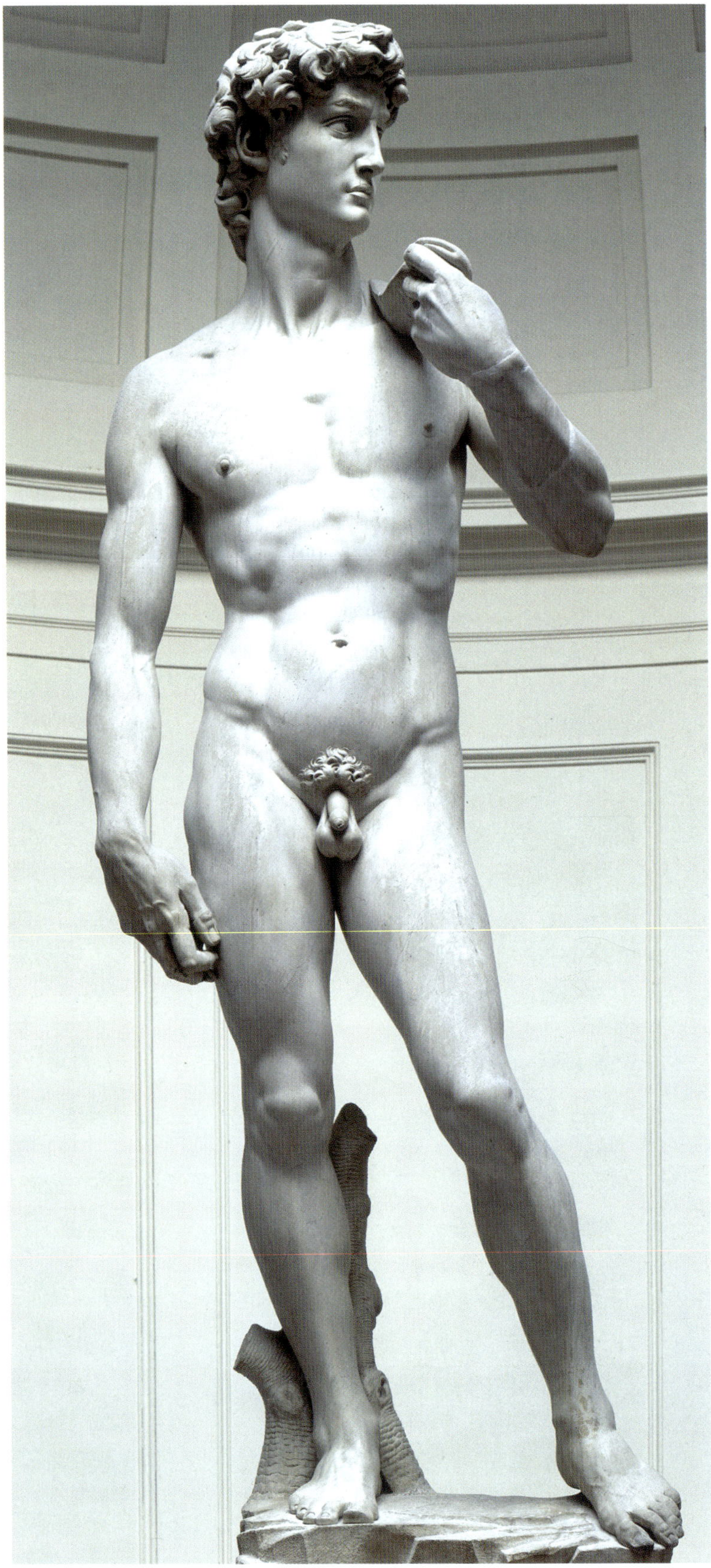

seit einigen Jahrzehnten rege Interesse an der griechischen Sprache vorantrieben. Dieser Kulturtransfer ermöglichte es auch, dass – wie später auf den Bildern der Stanzen – neben Aristoteles Plato trat; dessen Bedeutung ging so weit, dass Marsilio Ficino sich nicht nur als Übersetzer von Plato und Plotin betätigte, sondern sich selbst geradezu als neuer Plato stilisierte. Im Zuge der regen Übersetzungstätigkeit avancierte ein Kirchenvater zum Lieblingsheiligen des Humanismus: Hieronymus (gest. 419), der in der späten Antike den biblischen Text in die lateinische Sprache übersetzt und so die gängige lateinische Fassung der »Vulgata« geschaffen hatte.

Im deutschen Sprachraum war es vor allem das dichte städtische Milieu im Elsass, in dem in der zweiten Hälfte des 15. Jahrhunderts humanistische Ideen Fuß fassten. Wichtig wurde etwa die Schule in Schlettstadt. Im nahe gelegenen Heidelberg wirkte ab Mitte der achtziger Jahre Rudolf Agricola (1444–1485) als Professor der griechischen und hebräischen Sprache und trug so zur Ausstrahlung des Humanismus auch im universitären Milieu bei. Doch blieben die brieflichen Netzwerke und die *sodalitates* vor Ort von viel größerer Bedeutung für dessen Verbreitung. So hat Agricolas wichtigster Schüler Konrad Celtis (1459–1508) auf zahlreichen Reisen solche *sodalitates* gegründet. Bei ihm zeigt sich auch der Beginn einer Neubesinnung auf die deut-

MICHELANGELO,
DAVID
Der alttestamentliche König trug Züge antiker Heroen.

sche Nation im Humanismus. Er veröffentlichte die Dramen der Hrotsvita von Gandersheim (gest. nach 973) und arbeitete an einer Germania illustrata. Als Mitte des 15. Jahrhunderts die *»Germania«* des Tacitus wiederentdeckt und 1471 erstmals gedruckt wurde, erhielt das Nachdenken über das Phänomen der Nation wichtige Impulse.[2]

Auch in Erfurt hielt Celtis zeitweise Vorlesungen, und die zu Mainz gehörende Stadt in Thüringen wurde zu einem der Zentren des nordalpinen Humanismus. Konrad Mutian/Mutianus Rufus (1471–1526), der als Kanoniker in Gotha lebte, sammelte in diesem Raum Menschen um sich, aus deren Kreis die Beteiligten einer der heftigsten literarischen Fehden am Vorabend der Reformation hervorgingen: die Autoren der »Dunkelmännerbriefe«. Anlass hierfür war der Streit um Schriften des Johannes Pfefferkorn (gest. nach 1521), der, vom Judentum zum Christentum konvertiert, Anfang des 16. Jahrhunderts mehrere polemische Schriften gegen seine frühere Religion veröffentlichte und die Konfiskation der heiligen Bücher des Judentums gefordert hatte. Maximilian I. forderte mehrere Gutachten ein, unter anderem von dem Pforzheimer Gelehrten Johannes Reuchlin (1455–1522), dem wohl besten Kenner des Judentums in dieser Zeit. 1510 sprach dieser sich gegen die Konfiskation der jüdischen Schriften aus und

Venus mit Cupido
Auch im deutschsprachigen Raum wurden antike Themen aufgegriffen.
Lucas Cranach, Venus mit Cupido, 1509.

Antonello da Messina, Hieronymus

Der Bibelübersetzer Hieronymus wurde zum beliebten Heiligen der Humanisten.

wurde deswegen von dem Kölner Inquisitor Jakob von Hochstraten (gest. 1527) mit einem Häresieprozess überzogen. Wie stark sich hier alte und neue Gesinnung konfrontiert sahen, zeigt eine Fülle von Unterstützerbriefen, die Reuchlin zukamen und die er 1514 als *Epistolae clarorum virorum* (Briefe von hellen Männern) veröffentlichte. Crotus Rubeanus (gest. ca. 1545) und Ulrich von Hutten (1488–1523), zwei Angehörige des Mutianus-Kreises, brachten wenig später gemeinsam mit dem Kölner Humanisten Hermann von dem Busche (gest. 1534) das satirische Gegenstück hierzu heraus: die *Epistolae obscurorum virorum* (Dunkelmännerbriefe). Es handelte sich um fingierte Briefe an Kölner Dominikaner. Durch den Inhalt wie auch die stilistische Nachahmung des hölzernen Lateins der Scholastik verspotteten sie die bisherige Gelehrsamkeit und machten deutlich, wie scharf schon zu diesem Zeitpunkt die Konfrontation mit der mittelalterlichen akademischen Philosophie und Theologie geworden war.

Doch es gab nicht nur Spott, sondern der nordalpine Humanismus zeichnete sich auch durch das Bemühen aus, das Christentum neu im Geist des Humanismus zu verstehen. Das betraf die philologischen Grundlagen ebenso wie die inhaltlichen Umrisse des Christentumsverständnisses. Zentral für beides wurde Erasmus von Rotterdam. Im Jahre 1516 brachte er eine neue Ausgabe des griechischen Neuen Testaments heraus, nicht gegen die bisherige Kirche gerichtet, sondern im Einverständnis mit ihr. Gewidmet hat er sie dem Papst. Was hier geschah, war aber zweierlei: Ins Zentrum des Interesses sollte nun zum einen statt des lateinischen Textes der Vulgata der Ursprungstext rücken. Zum anderen wurde dieser nicht als einmal gegeben behandelt, sondern als ein Text, den man mit wissenschaftlichen Mitteln zu rekonstruieren hatte. Wenn Erasmus auch nur die nach modernen Maßstäben lächerlich geringe Menge von drei mittelalterlichen Handschriften verwandt hat, so war doch wenigstens an einer Stelle die Folge dieses neuen Zugangs schlagend deutlich: Das sogenannte Comma Johanneum in 1 Joh 5,7f., das traditionell als einziger ausdrücklicher biblischer Beleg für die Trinitätslehre galt, ließ er zunächst als unecht fort. Später hat er es allerdings, zunächst in einer lateinischen Übersetzung, dann ab der dritten Auflage des griechischen Textes – mehr dogmatischem Druck als philologischer Einsicht folgend – wieder aufgenommen. Mit diesem Bemühen um einen philologisch erfassten Text stand Erasmus im 16. Jahrhundert keineswegs allein, wie die schon 1520 erschienene Complutensische Polyglotte zeigt, die philologisch sogar auf besserer Grundlage arbeitete, aber dennoch nicht die Wirkung entfaltete, die das

Erasmus von Rotterdam
Wichtigster Vertreter des nordalpinen Humanismus wurde Erasmus von Rotterdam.
Gemälde (1523) von Hans Holbein d. J.

Novum Instrumentum des Erasmus nicht zuletzt für die Reformation besaß. Erasmus war aber mehr als Philologe: Sein Bemühen um den biblischen Text diente einer »*philosophia Christiana*«. In ihrem Mittelpunkt stand Christus als Vorbild eines einfachen Lebens. An ihm sollte der Christ lernen, sich im Kampf gegen die Sünde zu behaupten. Dass seine Gegenwart von diesem Ideal weit entfernt war, hat Erasmus durchaus auch formulieren können, wenn er sich auch zu seiner schärfsten Kirchenkritik öffentlich nicht bekannte: Im *»Julius exclusus«*, der zunächst im Freundeskreis des Erasmus kursierte und dann 1517 auch in den Druck kam, schilderte der Humanist, wie dem eben verstorbenen Papst Julius II. (1503–1513) die Aufnahme in den Himmel verweigert wurde. Wie eng die verschiedenen Neuerungsbewegungen beieinanderlagen, zeigt nicht zuletzt die Tatsache, dass zeitweise Hutten als Verfasser dieser Schrift galt.

Die Wittenberger Bewegung

Mit diesen humanistischen Bestrebungen wurde spätestens in seiner Erfurter Studienzeit auch Martin Luther konfrontiert. 1483 in einer Familie im Mansfeldischen geboren, deren sozialer Status sich den beharrlichen Aufstiegsbemühungen des Vaters verdankte, hatte er zunächst Schulen in seiner Heimatstadt Mansfeld, in Magdeburg und in Eisenach besucht und 1501 das Studium der *artes* in Erfurt aufgenommen. Bestimmende Lehrer waren hier Jodokus Trutvetter (gest. 1519) und Bartholomäus Arnoldi von Usingen (ca. 1464–1532), die auf den Bahnen der *Via moderna* unterrichteten. Doch in Luthers Biographie zeigte sich jene oben beschriebene Tendenz, dass spätmittelalterliches Denken keineswegs einzig auf die scholastischen Formen und Inhalte festgelegt war. Eine erste Alternative, der sich der junge Luther zuwandte, scheint der humanistische Geist im Umfeld der Universität gewesen zu sein. Crotus Rubeanus (gest. um 1545), der in dieser Zeit mit ihm in der Georgenburse lebte, schrieb 1520 an ihn: »Du warst in unserer Burse ein gut ausgebildeter Philosoph und Musiker«[3] – und mit der Philosophie war in diesem Kontext gewiss humanistische Geistigkeit gemeint. Wie weit diese ging, zeigt die Tatsache, dass Luther, als er später ins Kloster eintrat, alle seine Bücher an einen Buchhändler zurückgab – bis auf Plautus und Vergil.[4]

Dem Wunsch seiner Eltern folgend, hat er nach Erlangung des Grades eines *Magister artium* im Jahre 1505 unter den drei höheren Fakultäten – Theologie, Medizin und Jura – die letztgenannte gewählt. Das verhieß eine Fortsetzung des väterlichen Aufstiegs in der nächsten Generation und damit eine soziale Annäherung an die Familie seiner Mutter: Margarete Luder, geborene Lindemann (gest. 1531), hatte mehrere Verwandte mit universitärer Ausbildung.

Der Sohn aber gab dieses Studium bald auf. Anlass hierfür war, dass er am 2. Juli 1505 in Stotternheim nahe Erfurt in ein Gewitter geriet und in der Furcht vor einem raschen Tod das Gelübde ablegte, er wolle, wenn er überlebe, ein Mönch werden. Freilich ist es fraglich, ob die Entscheidung zum Mönchtum in dieser Situation plötzlich entstand oder nicht schon längst gereift war, so dass dieses Bekenntnis einen willkommenen Anlass geboten hätte, einen lang gehegten Wunsch unter Berufung auf die religiöse Bindung des Gelübdes umzusetzen. Jedenfalls hat er sich nicht darauf berufen, dass ein solches in der Not gesprochenes Gelübde nach geltendem Kirchenrecht ungültig war, sondern sah sich weiter daran gebunden. Er verlagerte seinen Wohnsitz nur um wenige Meter: von der Georgenburse in das Erfurter Augustinerkloster. Doch mental kam er in eine andere Welt, beziehungsweise nach den Maßstäben seiner Zeit gesprochen: Er verließ die Welt.

Das Leben im Kloster, das der strengen Richtung der Augustinereremiten angehörte, bedeutete eine spirituelle Herausforderung und brachte eine allmähliche Entwicklung mit sich. Luther hatte aus dem Elternhaus Vorstellungen eines strengen Gottes mitgebracht und interpretierte vieles in diesem Horizont. Sein Novizenmeister Johann Grevenstein und dann vor allem Johannes von Staupitz, der Generalvikar seines Ordens, der ihm zum Beichtvater wurde, wiesen ihn wiederholt auf die gnädige Zuwendung Christi hin, doch hat Luther nicht mit einem Schlag hieraus neue Erkenntnisse entwickelt. Die Mühen des Ringens um ein angemessenes Gottesverständnis beschreibt Luther später immer wieder mit dem Begriff der »Anfechtung« – eine Vorstellung, die er aus der mystischen Theologie übernommen hatte.

Tatsächlich wurde ihm diese von immer größerer Bedeutung: Ab 1515 las er mit großer Zustimmung Johannes Tauler; seine erste Publikation war die Edition der »Theologia deutsch«. In diesen Texten lernte er vor allem, die Nichtigkeit des Menschen im Angesicht Gottes zu verstehen und zu beschreiben. Angesichts dieser Nichtigkeit bleibe dem Menschen, so schrieb er einmal in seinen Randbemerkungen zu Tauler, nichts als der »nackte Glaube«, *nuda fides*.[5] So wurde Luther immer stärker in Richtung jener innerlichen Frömmigkeit gebracht, die im späten Mittelalter weite Kreise erfasst hatte und die besonders gut zu dem zurückgezogenen Leben im Kloster passte. Aber sie stand in einer nicht mehr nur latenten Spannung mit den äußeren Anforderungen, die das monastische Leben gleichfalls prägten: Das Klosterleben verhieß eine *via securior* (einen sichereren Weg zum Heil) und verband diese Verheißung mit der Verpflichtung zur Erfüllung bestimmter Vorgaben, etwa der Stundengebete oder auch einer möglichst reinen Beichte. Beides, verinnerlichte Änderung des ganzen Menschen und veräußerlichende Bußübung, konnten im späten Mittelalter zusammen gelebt werden, aber sie konnten auch in Spannung zueinander treten und taten dies mehr und mehr bei Luther. Auf den Bahnen von Staupitz und der wohl auch durch ihn vermittelten Mystik aber gewann Luther zunehmend Gewissheit, dass es diese auf das Innere und damit auf ein umfassendes Verständnis des Menschen im Angesicht Gottes ausgerichtete Frömmigkeit war, die ihm helfen konnte, Vertrauen in Gott zu fassen. Später hat er dies in einer Art Bekehrungsbericht so zusammengefasst, dass Staupitz ihn wie eine Stimme vom Himmel zu der Erkenntnis gebracht habe, »dass wahre Buße allein mit der Liebe zu Gerechtigkeit und zu Gott beginne« und nicht mit Furcht vor Gott.[6]

Theologische Schärfung erhielten solche spirituellen Einsichten durch die Schriften Augustins und die Heilige Schrift selbst. Seit 1512 bestand Luthers Hauptaufgabe in der Kommentierung biblischer Schriften. Er war als Nachfolger von Staupitz Professor für Theologie in Wittenberg geworden. Nach Wittenberg passte er mit seinem in Erfurt erworbenen geistigen Hintergrund bestens: 1502 hatte Kurfürst Friedrich der Weise hier eine Landesuniversität gegründet, deren Statuten zwar auch nach ihrer Erneuerung 1508 den scholastischen Rahmen fortschrieben, die aber zugleich offen für eine Vielzahl humanistischer Köpfe war. Wie es kam, dass Staupitz sich den jungen Ordensbruder als Nachfolger wünschte, ist nicht ganz deutlich. Nach traditioneller, heute allerdings verunsicherter[7] Auffassung hatte Luther noch kurz zuvor als Vertreter einer Opposition gegen Staupitz innerhalb des Ordens Rom bereist. Spätestens jetzt jedenfalls profitierte Luther von der Protektion durch Staupitz. Unter dessen Einfluss wurde er Provinzialvikar seines Ordens – und eben Professor. Unter der Last beider Ämter hat er gelegentlich gestöhnt, zumal ihm diese vielfache Beschäftigung oft die Zeit für die eigentlichen spirituellen Aufgaben eines Mönches, insbesondere das Stundengebet, nahm. Doch ließ er es darum

Augustinerkloster Erfurt

1505 trat Martin Luther in das Erfurter Augustinerkloster ein.

nicht an Intensität in seiner Tätigkeit als Professor mangeln, im Gegenteil: Nach und nach drang er zu eigenständigen theologischen Überzeugungen vor, die sich vor allem an zwei Gesichtspunkten, der biblischen Hermeneutik und der Gnadenlehre, deutlich machen lassen. Die biblische Hermeneutik entwickelte er vor allem in seiner Auslegung der Psalmen. Luther führte eine spätmittelalterliche Entwicklung fort, als er unter den im Schema des vierfachen Schriftsinns angebotenen Deutungsperspektiven insbesondere den historischen Sinn betonte, und verband diesen mit einer hermeneutischen Grundfigur des *pro nobis*, der Bedeutung »für uns«. Diese Zuspitzung der Ansprache an den Glaubenden lässt erkennen, wie eng die Aufgabe des akademischen Schriftauslegers sich mit der Predigtaufgabe verband, die Luther selbst spätestens seit 1513 an der Wittenberger Stadtkirche versah.

Die andere wichtige Akzentuierung betraf die Gnadenlehre: Die Hinweise des Staupitz hatten Luther immer mehr dazu gebracht, Christus allein in den Mittelpunkt zu stellen. Und die Lektüre des Paulus, dessen Römerbrief Luther ab 1515 kommentierte, wie auch des Kirchenvaters Augustin, des Lehrers seines Ordens, verhalf ihm dazu, das Verhältnis Gottes zum Menschen ganz unter den Begriff der Gnade zu stellen. So formte er jenes Menschenverständnis aus, das er bei den Mystikern kennengelernt hatte. Schon bei Tauler konnte man lesen, dass es nicht unser Verdienst, sondern das Verdienst Christi war, das uns Heil gewährte,[8] und auch die »Theologia deutsch« lehrte, dass der Mensch von sich aus nichts hierzu tun konnte[9]: Paulus und Augustin, Tauler und »Theologia deutsch« wuchsen zu einer Auffassung zusammen, die um die alleinige Gnadenwirkung Gottes, vermittelt durch Jesus Christus allein, kreiste.

Damit entstand in Wittenberg eine akademische Theologie von ganz eigenem Gepräge, die sich auch zunehmend als besonders wahrnahm. Eine erste Gelegenheit, die neue Theologie in größerem – freilich universitätsinternem – Rahmen zu präsentieren, stellte die »*Quaestio de viribus et voluntate hominis sine gratia disputata*« dar, die nach akademischem Brauch Bartholomäus Bernhardi (1487–1551) aus Feldkirch am 25. September 1516 zu disputieren hatte. Die Disputation (eine akademische Verteidigung von Thesen) hatte ihre Grundlage in Lehren, die aus Luthers Römerbriefvorlesung gezogen werden konnten. Grundaussage war, dass der Mensch ohne die Gnade unfähig war, irgendwelche Gebote Gottes zu halten und das Heil zu erlangen. In augustinischer Sprache und in der Form der scholastischen Universität wurde hier zum Ausdruck gebracht, was Luther immer mehr zur theologischen Grundeinsicht geworden war.

Und Luther thematisierte auch die latenten Spannungen solcher Infragestellung der menschlichen Fähigkeit, das Heil zu erlangen, gegenüber der scholastischen Theologie – nicht im Alleingang, sondern im Miteinander einer ganzen Gruppe von Theologen, die in dieser Zeit in Wittenberg tätig war. Die ersten spürbaren Änderungen, die das, was sich hier als reformatorische Theologie keimhaft formierte, mit sich brachte, betrafen das Vorlesungsprogramm: Ein gutes halbes Jahr nach der Bernhardi-Disputation, am 18. Mai 1517, schrieb Luther an seinen Ordensbruder Johannes Lang:

»Unter Gottes Beistand machen unsere Theologie und Sankt Augustin gute Fortschritte und herrschen an unserer Universität. Aristoteles steigt nach und nach herab und neigt sich zum nahe gerückten ewigen Untergang. Auf erstaunliche Weise werden die Vorlesungen über die Sentenzen verschmäht, so dass niemand auf Hörer hoffen kann, der nicht über diese Theologie, d. h. über die Bibel, über Sankt Augustin oder über einen anderen Lehrer von kirchlicher Autorität lesen will.«[10]

Augustin statt Aristoteles: Das war die Reformdevise, die nun in Wittenberg galt. Und sie passte in die Zeitströmung hinein: Die Zuwendung zum Kirchenvater Augustin war in einem humanistischen Umfeld ganz zeitgemäß. Aristo-

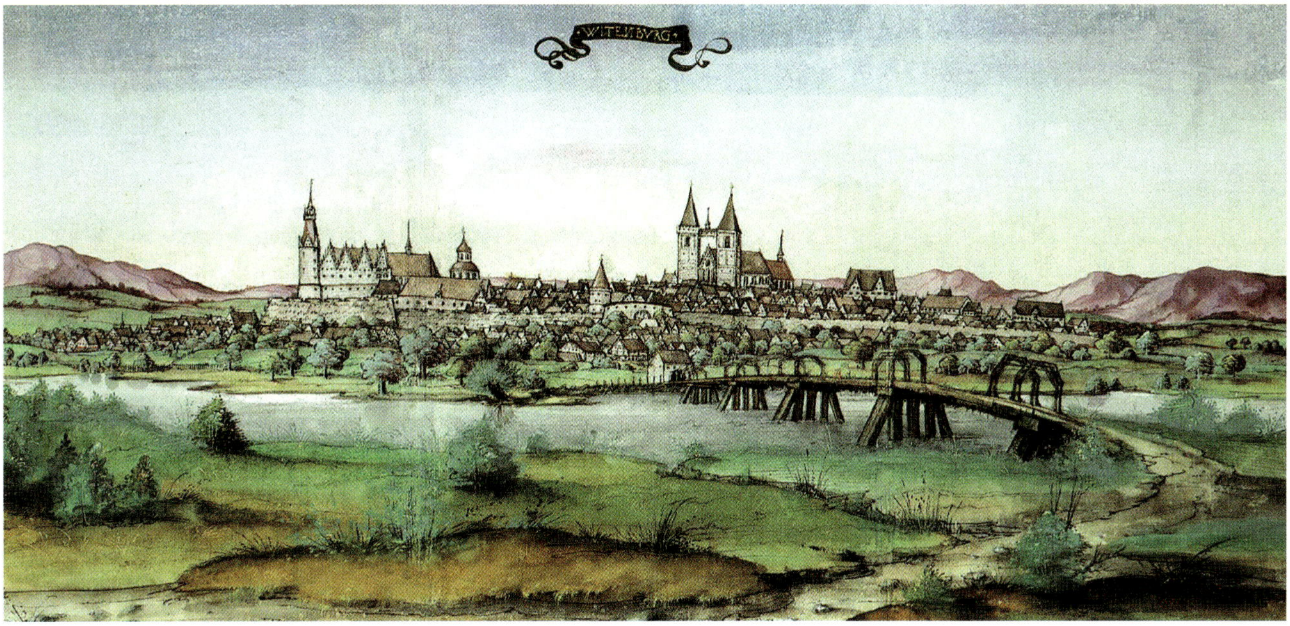

teles war schon länger in Verruf geraten, jedenfalls in der Form, wie man ihn scholastisch gelehrt hatte. Luther aber spitzte diese für Humanisten so eingängige Alternative bald noch einmal in aller Schärfe theologisch zu. Am 4. September desselben Jahres kam es wieder zu einer denkwürdigen Disputation: Franz Günther (gest. 1528) aus Nordhausen war der Disputant *»contra scholasticam theologiam«* (gegen die scholastische Theologie).

Hatten sich im späten Mittelalter schon längst theologische Alternativen zur scholastischen Theologie gezeigt, so wurde nun aus der Alternative ein Gegensatz, und noch dazu ein Gegensatz, der die alten Formen nutzte. Innerhalb einer regulären Disputation wandte sich Günther, beziehungsweise Luther als der Verfasser der Thesen, die Günther zu verteidigen hatte, gegen wesentliche Inhalte der herrschenden Theologie. Das alles war plakativ zugespitzt: Heute weiß man, dass es keineswegs »die« scholastische Theologie war, mit der hier eine Auseinandersetzung stattfand. Luthers Wahrnehmung war ganz auf die *Via moderna* konzentriert. Und diese war nicht einmal ganz erfasst. Zwar wurden etliche Scholastiker genannt, etwa auch Duns Scotus oder Pierre d'Ailly (gest. 1420), der eigentliche Gegner aber, dessen Werk eine Vielzahl der Thesen entnommen war, gegen die Luther sich wandte, war Gabriel Biel. Ihn hatte Luther als entscheidende Gestalt der spätscholastischen Theologie in Erfurt kennengelernt, an ihm und seinem *»Collectorium«*, das im Großen und Ganzen auf dem Sentenzenkommentar Wilhelms von Ockham basierte, hatte man sich dort theologisch orientiert. Nun richtete sich die volle Wucht der Kritik Luthers gegen Biel – aber nach dem eigenen Anspruch und wohl auch dem ehrlichen Verständnis Luthers war damit nicht nur dieser einzelne Denker getroffen, sondern eben die gesamte scholastische Theologie, und zwar an einem entscheidenden Punkt: Luther ging es um die in seinen Augen fatale Verquickung von Theologie und Aristoteles. Sowenig er das Recht des paganen Philosophen an der *artes*-Fakultät bestritt, so wenig gehörte er für ihn doch in die Theologie. Hier spielten ganz andere Autoritäten eine Rolle – welche, das machte Luther gleich zu Beginn der Disputation kenntlich. Es ging darum, Augustin gegen aristotelisch inspi-

Wittenberg von der Elbe her gesehen

»An der Grenze der Zivilisation« – so hat Martin Luther einmal Wittenberg gekennzeichnet. Seit 1511 war diese Stadt, in der der ehrgeizige Kurfürst Friedrich der Weise 1502 eine Universität gegründet hatte, Mittelpunkt seines Lebens. Zeichnung aus dem Reisealbum des Pfalzgrafen Ottheinrich 1536.

rierte Kritiker in Schutz zu nehmen. Wieder also: Augustin gegen Aristoteles. Das war und blieb die Leitlinie der Wittenberger Theologiereform – mehr war es zu diesem Zeitpunkt noch nicht – im Spätsommer 1517.

Doch wenige Wochen später griff die Reform weiter aus. Dies lag schon allein deswegen nahe, weil Theologie und Frömmigkeit für Luther wie schon für seinen Mentor Staupitz eng zusammenhingen. So galt der nächste große Angriff einem wichtigen Teil spätmittelalterlicher Frömmigkeitspraxis, und wiederum zeigt sich, wie sich Luthers Neuansatz aus den Polaritäten des späten Mittelalters herausschälte. Das Gegenüber von mystisch inspirierter Frömmigkeit und Veräußerlichung brachte er in seinen Thesen gegen den Ablass mit voller Wucht zum Ausdruck. Die beiden ersten seiner berühmten 95 Thesen gegen den Ablass vom 31. Oktober 1517 stellten die kritische Anwendung des verinnerlichten mystischen Bußverständnisses auf das Sakrament der Buße dar:

»1. Da unser Herr und Meister Jesus Christus sagte: ›Tut Buße‹ usw., wollte er, dass das ganze Leben der Gläubigen Buße sein sollte.
2. Dies Wort kann nicht von der sakramentalen Buße verstanden werden, d. h. nicht von der Beichte und der Genugtuung, die durch das priesterliche Amt vollzogen wird.«[11]

Buße als die Änderung des ganzen Lebens: Das war ein Erbe Taulers, und noch einige Monate später konnte Luther im Rückblick auf die Ablassthesen erklären, er sei doch bloß Tauler und der »Theologia deutsch« gefolgt.[12] Was aber bei diesen nur gelegentlich aufblitzte, wurde nun bei Luther prinzipiell: dass diese vertiefte Buße nicht nur, in Form von Reue vor der Beichte und Wiedergutmachtung, Teil des Bußsakraments war, sondern dass sie etwas anderes als dieses bedeutete. Mit anderen Worten: Die Kirchenlehre forderte etwas als Buße, das sich nicht auf das Wort Jesu Christi berufen konnte. Und wenn denn Teil dieser kirchlichen Lehre von der Buße der Ablass war, so wurde auch für diesen sein Grund in der Botschaft Jesu Christi fraglich.

Luther war nicht der Erste, der den Ablass kritisierte. Er war auch nicht der Erste, der Buße als Sinnesänderung einklagte. Aber er brachte beides zusammen. Das gab seinen Thesen Gewicht und Schärfe und ihm selbst wohl den Eindruck, aus Zwängen befreit zu sein, die ihn bisher eingeschränkt hatten. Erst aus dieser Zeit datiert die neue Schreibweise seines Namens: Bisher hatte er sich wie seine Eltern »Luder« geschrieben, nun gräzisierte er den Namen, nannte sich Eleutherius (der »Befreite«), und änderte in Anspielung hierauf das »d« in ein »th«. Luther: der Befreite, der auch bald vielfach als Befreier empfunden wurde. Seine Thesen gegen den Ablass verbreiteten sich rasch. Er selbst hatte wohl zunächst kein öffentliches Aufsehen erregen wollen. Die Bilder aus dem 19. Jahrhundert, die Luther als »Reformator mit dem Hammer« zelebrieren, entfalten ein Pathos, das mit dem 31. Oktober 1517 nicht viel zu tun hat.[13] Luther selbst hat immer wieder betont, dass er zunächst die Antworten der Bischöfe, an die er die Briefe mit den Ablassthesen gesandt hatte – Albrecht von Brandenburg (1490–1545), Erzbischof von Magdeburg (seit 1513) und Mainz (seit 1514), und Hieronymus Schultz (gest. 1522), Bischof von Brandenburg –, abgewartet habe, ehe er die Thesen weiterverbreitete. Erst sein Adlatus Georg Rörer und, ihn zuspitzend, Philipp Melanchthon haben annähernd dreißig Jahre nach dem Geschehen von einem Thesenanschlag – Rörer sogar von mehreren Thesenanschlägen an den Wittenberger Kirchen – gesprochen. Hätte es sich um die Einladung zu einer regulären Disputation gehandelt, so wäre genau dies der offizielle Weg gewesen. Aber Luther ging genau so wohl nicht vor. Eine solche Disputation fand nie statt, sondern Luther suchte, mündlich wie schriftlich, den Austausch mit Gelehrten im kleinen Kreis.

Doch zurücknehmen ließ sich nicht mehr, was er geschrieben hatte: Rasch verbreiteten sich die Thesen. Und was Luther selbst nicht getan

Martin Luther schlägt die Thesen an das Portal der Schlosskirche von Wittenberg

Wuchtige Thesenanschläge mit einem Hammer, der die Welt erschütterte – so sah das 19. Jahrhundert den 31. Oktober 1517. Undatiertes Gemälde von Hugo Vogel.

hatte, forderte der Merseburger Bischof Adolf von Anhalt (gest. 1526) schon wenige Wochen nach der Briefversendung: Die Thesen sollten öffentlich angeschlagen werden.[14] Dies mag ausgeblieben sein, aber der Buchdruck half zur raschen Verbreitung binnen weniger Wochen. Luther selbst war erstaunt über die Aufregung, die seine Thesen hervorriefen, und sah sich nun in

Johannes Eck

In ihm fand Luther einen scharfsinnigen und -züngigen Gegner: Johannes Eck, Professor in Ingolstadt.

der Not, sich weiter verteidigen zu müssen. Die »*Causa Lutheri*« entstand, nicht nur als Prozess in den Mühlen der römischen Justiz, sondern als öffentliches Ereignis, gesteigert in mehreren Etappen: Im Frühjahr 1518 fand in Heidelberg ein Kapitel von Luthers Orden statt, und in diesem Rahmen sollte auch Luthers Theologie verhandelt werden. Am 25. oder 26. April kam es zu einer Disputation, an der neben Ordensangehörigen auch Studenten, Bürger der Stadt und Hofangehörige teilnahmen. In charakteristischer Weise ließ Luther sich nicht darauf ein, irgendwelche Einzelheiten zu verhandeln, sondern er ging aufs Grundsätzliche: Einer Theologie der Herrlichkeit, die auf die eigenen Erkenntniskräfte des Menschen vertraute, setzte er die *theologia crucis* entgegen, die aus der Demut im Angesicht Gottes hervorging und alles von Gott und Christus allein erhoffte. Schon diese Überlegungen waren bedeutsam. An der durch Rudolf Agricolas Wirken für den Humanismus aufgeschlossenen pfälzischen Universität aber tat er noch einen weiteren wichtigen Schritt: Er proklamierte gegen Aristoteles Plato als den eigentlichen wahren Philosophen.[15] Die Wirkung dieses Auftritts ist kaum zu unterschätzen: Nun war nicht nur durch die langsam anschwellende Publizistik, sondern auch durch das persönliche Auftreten Luthers der Wirkungskreis der Wittenberger Universität und Sachsens überschritten. Einige der Zeugen dieser Disputation gehörten später zu den wichtigsten Akteuren der Reformation im Südwesten Deutschlands: Martin Bucer (1491–1551), Johannes Brenz (1499–1570) und Erhard Schnepf (1495–1558). Bei ihnen allen ist nicht einfach zu sagen, dass sie Luthers Theologie übernommen hätten, aber der Funke einer Theologie, die Änderung verhieß, sprang auf sie über.

Die Heidelberger Disputation ist mit ihren klaren Gegenüberstellungen auch durch die ebenso problematische wie beeindruckende und wirkungsvolle Technik der Vereinfachung gekennzeichnet, die sich schon in der Disputation gegen die scholastische Theologie zeigte. Aus der Vielfalt oft nur in Grauzonen voneinander unterschiedener Möglichkeiten im späten Mittelalter wurde in Luthers klaren Positionierungen ein Entweder-Oder. Diese Technik beherrschte nicht nur er selbst, sondern auch seine Gegner, und dies an einem Punkt, an dem sie schon lange geübt waren: der Zuordnung zur Häresie. Es war Johannes Eck (1486–1543), Professor in Ingolstadt, dem es zukam, Luther selbst zu Aussagen zu drängen, mit denen er sich zu einer verurteilten Häresie bekannte. Eck zog zunächst und vordringlich Luthers Fakultätskollegen Andreas Karlstadt (1486–1541) in eine groß angelegte Disputation. An dieser nahm dann aber auch Luther selbst teil, und dies wurde der eigentliche Höhepunkt der Leipziger Disputation 1519. Vom 4. bis zum 13. Juli standen Luther und Eck einander in der Leipziger Pleißenburg gegenüber. Zunächst ging es um die Autorität des Papstes, dann aber schlug Eck einen weiten Bogen, um weiter vorzudringen: Er konfrontierte Luther mit den Lehren von Wyclif und Hus, die auf dem Konzil in Konstanz verurteilt worden waren. Luther konnte nicht umhin, zu bestätigen, dass unter den Lehren des Hus viele durchaus christlich gewesen seien. »Also gibt man uns ins Maul, daß wir, wir wollen oder wollen nit, sagen müssen: Das Concilium hat geirret«,[16] hat er später in einem Bericht seine eigene Not ausgedrückt. Denn die Schwierigkeit, in die ihn dies brachte, war außerordentlich. Wenn denn ein Konzil irren konnte, gab es keine Instanz innerhalb der Kirche mehr, die definitiv über die wahre Lehre entscheiden könnte. Das lag, dies hatte Eck richtig verspürt, auf der Linie von Luthers bisherigen Einsichten. Doch sein Gegner drängte ihn dazu, dies auch öffentlich zu erklären. Das Bekenntnis zu einer verurteilten Häresie war damit ebenso deutlich wie die öffentliche Absage an die zwingende Kraft der kirchlichen Autorität. Luther zog hieraus bald eine Konsequenz, die die Tiefe des Konflikts markierte: Der Papst, der sich über die Schrift setzte, sei niemand anders als der Antichrist, von dem ja schon der – seinerzeit noch traditionell dem Apostel Paulus zugeschriebene – Zweite Thessalonicherbrief verkündet hatte, er werde im Tempel Gottes sitzen (II Thess 2,4), also, so Luther in durchaus allegorisierender Auslegung: in der Kirche. Der Rahmen einer Reform universitärer Theologie war damit weit überschritten. Hier ging es um die Gestalt der Kirche.

Die Zürcher Reform

Auch dies blieb nicht unbemerkt: Unter dem starken Eindruck der Leipziger Disputation pries an der Jahreswende 1519/20 der Zürcher Leutpriester Huldrych Zwingli (1484–1531) den Wittenberger Theologieprofessor Martin Luther als wiedergekehrten Elia.[17] In dieser Zeit setzte er sich auch intensiv mit Luthers Schriften auseinander. Das unerschrockene Auftreten des Sachsen machte ihm Mut, den Weg weiterzugehen, den er schon zuvor beschritten hatte, und ihn noch stärker ins Grundsätzliche zu wenden.

Sein Ausgangspunkt war dabei ein anderer als bei Luther. Innerhalb des vielfältigen mittelalterlichen Spektrums konnten Wege, die zur Neuformation einer Kirche führten, an ganz unterschiedlichen Ausgangspunkten beginnen. Beide verbindet die Nähe zum Humanismus, aber während Luther seine weiteren Impulse aus der Frömmigkeitstheologie von Staupitz und der Mystik erfuhr, hatte für Zwinglis Entwicklung das scholastische Denken eine viel größere Bedeutung. Freilich kann man ihn nicht ohne Weiteres auf eine der großen Schulrichtungen festlegen. Gelegentlich wollte man in ihm gerne einen Schüler der *Via antiqua* sehen – das passte dann gut zum späteren Gegensatz zu Luther als Erben der *Via moderna*. Doch so wie man bei Letzterem überhaupt die Anteile der Scholastik an seiner Entwicklung eher gering wird veranschlagen müssen, so steht Zwinglis Weg eher zwischen den Schulen, denn der, in dessen Bahnen er dachte, war selbst nicht ohne Weiteres einer der Richtungen zuzuordnen: Duns Scotus beziehungsweise der ihm folgende Scotismus. Wie Luther Ockham vermittelt durch Biel kennenlernte, wurde Zwingli mit Scotus durch die Schriften des Scotisten Thomas Brulefer (gest. ca. 1497) vertraut. Was er von hier vor allem bezog, war die Auffassung von dem unendlichen und daher für den Menschen uneinholbaren Unterschied zwischen Schöpfer und Geschöpf. Auf einer abstrakten Ebene sind hier Nähen zu der von monastischer Spiritualität gespeisten Betonung der Niedrigkeit des Menschen im Angesicht Gottes bei Luther zu entdecken. Zwingli aber dachte und formulierte viel stärker philosophisch-ontologisch als der Wittenberger.

Zeitlich parallel mit der Lektüre Brulefers aber erfolgte auch der Beginn der Auseinandersetzung mit dem Humanismus, und mehr und mehr wurde Zwingli zum Repräsentanten dessen, was man als »schweizerischen Humanismus« bezeichnen kann. Schon 1510 wandte er sich im Interesse der Schweizer Nation gegen die Söldnerdienste bei den Franzosen. Doch nicht nur diese nationalen Obertöne finden sich bei ihm,

GROSSMÜNSTER VON ZÜRICH

Ab dem 1. Januar 1519 wirkte Huldrych Zwingli als Leutpriester an dieser Kirche.

sondern auch eine intensive Auseinandersetzung mit humanistischer Philosophie und Theologie. Zwingli las Pico della Mirandola, aber auch Augustin und das Neue Testament im Urtext. Letzeres lässt sich schon 1513 beobachten,[18] also drei Jahre vor dem Erscheinen der Erasmus-Ausgabe. Bald las Zwingli, der seit 1506 als Pfarrer in Glarus tätig war, auch den Rotterdamer Gelehrten selbst und hatte 1516, gerade in der Zeit, als er auf das Leutpriesteramt in Einsiedeln wechselte, die Gelegenheit zur persönlichen Begegnung mit ihm in Basel. Welche Eindrücke genau dauerhaft auf ihn wirkten, ist schwer zu bestimmen, aber die Form des Christentums, die nun bei ihm erkennbar wird, weist große Entsprechungen zum *Enchiridion militis christiani* des Erasmus auf. Die gegenwärtige Kirchlichkeit kritisierte er vor allem wegen ihrer Veräußerlichung, ihrer Betonung des Materiellen statt des Geistlichen. Dass bei allen deutlichen Unterschieden in der Herkunft und auch der begrifflichen Fassung dieser Überzeugungen die Entfernung zu Luthers aus verinnerlichender Frömmigkeit gespeister Kirchenkritik, die wenig später durch die Thesen über den Ablass öffentlich werden sollte, nicht groß war, wird deutlich. Ebenso aber sind auch die späteren Differenzen zwischen beiden Reformatoren schon in diesen unterschiedlichen Herangehensweisen angelegt.

Als Zwingli zu ersten Reformmaßnahmen schritt, ging es naheliegenderweise für den im Pfarramt Tätigen nicht um eine Theologiereform, wohl aber um eine Reform der bürgerlichen Frömmigkeit. Diesem Ziel konnte er sich voll und ganz widmen, als er am 1. Januar 1519 die Stelle als Leutpriester am Zürcher Großmünster antrat. Und genau hier setzte Zwingli an: Seine erste Neuerung war die Einführung von Predigten nach einer *lectio continua*. An Stelle des üblichen Vorgehens anhand von Perikopen, die die Bibeltexte für den jeweiligen Sonntag aus ihrem Kontext rissen, erklärte er fortlaufend zunächst das Matthäusevangelium, dann die Apostelgeschichte und die neutestamentlichen Briefe. In gut humanistischer Manier sollten die Glaubenden mit den Quellen in so ursprünglicher Weise wie nur irgend möglich konfrontiert werden. Wäre Zwingli hierbei geblieben, könnte man eigentlich noch kaum von Reform sprechen. Aber in seine Predigten kamen immer mehr kirchenkritische Elemente hinein. Anfänglich war auch bei ihm der Ablass Zielscheibe der Kritik, konkret in Gestalt der Ablasspredigt des Franziskaners Bernardino Samson (gest. nach 1518). Schon hier, verstärkt dann aber in den weiteren Themen, zeigt sich nun, wie der aus dem Scotismus aufgegriffene Gegensatz von Schöpfer und Geschöpf unter dem Einfluss des Humanismus zunehmend eine sehr grundsätzlich auf Kirchenveränderung drängende Gestalt gewann. Der grundlegende Gegensatz wurde nämlich konkret in der Unterscheidung von göttlichem und menschlichem Wort. Die Fürbitte der Heiligen wie die Lehre vom Fegefeuer gerieten in den Fokus seiner Kritik – mit dem einen gemeinsamen Grund, dass sie nicht in der Schrift belegt waren. Aus eigenem Antrieb und eigener Entwicklung heraus kam Zwingli so zu der Auffassung, dass allein das Schriftwort bindend sein kann. Ähnlich hatte schon einmal Wyclif argumentiert. Ähnlich argumentierten auch die Wittenberger. Und je schneller diese agierten, desto rascher wurde auch für Zwingli deutlich, dass die Kritik zur Handlung und letztlich zur Änderung der Kirche drängen musste.

III.

Öffentliche Debatte

Von Wittenberg nach Rom: der Luther-Prozess

Dass Johannes Eck sich in Leipzig bemühte, Luther als Ketzer zu entlarven, war nicht nur der Einfall eines einzelnen scharfsinnigen und manchmal scharfzüngigen Gegners. Tatsächlich war schon längst ein Häresieprozess gegen Luther angelaufen. Bereits im Dezember 1517 hatte Albrecht von Magdeburg in Rom eine Anklage gegen Luther vorgebracht, und möglicherweise haben Tetzel und seine dominikanischen Ordensbrüder im Frühjahr 1518 eine weitere Anklage vorgebracht. Jedenfalls kam in dieser Zeit ein regelrechter Prozess gegen Luther ins Rollen, der freilich von Anfang an durch eine Schieflage gekennzeichnet war: Mit der Abfassung der Anklageschrift wurde Silvester Prierias (1456–1523) beauftragt, der selbst durchaus Schriften verfasst hatte, die in den Bereich der Frömmigkeitstheologie gehören, in Fragen der Kirche aber in aller Härte auf Seiten derer stand, die im Sinne Torquemadas einen konsequenten Papalismus vertraten. Charakteristisch hierfür ist eine Spitzenaussage seines gegen Luther gerichteten »*Dialogus*« über die Macht des Papstes:

»Wer sich nicht an die Lehre der römischen Kirche und des Papstes hält als die unfehlbare Glaubensregel, von der auch die Heilige Schrift ihre Kraft und ihre Autorität bezieht, ist ein Häretiker.«[1]

Parlachplatz Augsburg

Augsburg wurde zum Ort mehrerer wichtiger Reichstage der Reformationszeit – hier der Parlachplatz der reichen Handelsstadt.
Aus einem Zyklus von vier Jahreszeitengemälden von Heinrich Vogtherr d. J., 1550.

Abbildung des Verhörs

Das Verhör wurde zum Disput: Luther vor Cajetan (Holzschnitt von 1557).

Die Anklageschrift des Prierias gegen Luther ist nicht erhalten, aber diese Aussage spricht Bände: Schon im Frühjahr 1518 war aus Luthers Frage nach dem Heil die Frage nach der Autorität der Kirche geworden. Damit war eine entscheidende Voraussetzung dafür geschaffen, dass Theologie und Frömmigkeit die Kirche und längerfristig auch die Gesellschaft und Politik verändern sollten.

Luther erhielt am 7. August 1518 eine Vorladung nach Rom,[2] kaum mehr als zwei Wochen später, am 23. August, wurde das Vorgehen sogar noch verschärft: Luthers Ketzerei galt nun nicht mehr als fraglich und erst noch zu überprüfen, sondern als notorisch, als bekannt und festgestellt.[3] Das war die Vorgabe, unter der Luther am Rande des Augsburger Reichstages im Oktober 1518 von Kardinal Thomas Cajetan (1469–1534) verhört wurde: Luther hatte die Wahl zwischen Buße oder Verurteilung als hartnäckiger Ketzer. Doch war der Wittenberger Mönch und Professor noch lange nicht bereit, sich solchen einfachen Alternativen zu unterwerfen, sondern er zog den Kardinal in einen Disput über einzelne

Karte Europas im 16. Jahrhundert
Die Befürchtungen im Vorfeld der Kaiserwahl waren groß, dass ein Habsburger auf dem Thron die Dominanz der Dynastie über Europa noch weiter verstärken würde (habsburgische Gebiete gelb).

KARL V., RÖMISCH-DEUTSCHER KAISER
Der Monarch, der Spanien und Deutschland beherrschte: Karl V. Gemälde von Lucas Cranach d. Ä., 1533.

Regelungen des Kirchenrechts und ihre Gültigkeit. Wie sicher er sich seiner Argumente war, zeigt sich nicht zuletzt daran, dass er ein Protokoll des Gesprächs wenig später als *»Acta Augustana«* der Öffentlichkeit übergab. Das war freilich nicht seine einzige Reaktion auf die bedrohliche Situation: Er nutzte auch das Rechtsmittel einer Appellation an den Papst.[4] Damit wollte er auf eine erneute Öffnung der Sachfrage an der Kurie dringen, riskierte freilich, dass nun der Prozess deutschen Boden verlassen und nach Rom gezogen werden könnte, wodurch Luther jeden Schutz im eigenen Territorium verlieren würde.

Genau dieser Schutz wurde nun nämlich immer wichtiger, und es stellte eine außerordentlich günstige Konstellation für ihn dar, dass sein Landesherr Friedrich der Weise eine zentrale Rolle im politischen Machtgefüge besaß. Dies wurde immer bedeutsamer, je deutlicher sich abzeichnete, dass Kaiser Maximilian auf den Tod zuging und seine Nachfolge geregelt werden musste. Er selbst versuchte noch alles zu Gunsten seines Enkels, Karl von Spanien, zu arrangieren, doch schlug dieser Versuch auf dem Augsburger Reichstag fehl. Wenige Monate später, am 12. Januar 1519, starb Maximilian dann tatsächlich. In Vorbereitung der Wahl des römischen Königs hatte man es vorwiegend mit zwei Kandidaten zu tun: Gegen Karl von Spanien brachte vor allem die Kurie Franz I. von Frankreich (1515–1547) ins Spiel. Hintergrund war, dass man in Rom eine Umklammerung durch den spanischen Habsburger fürchtete. Einmal zum römischen König gewählt, würde dieser nicht nur die Gebiete auf der Iberischen Halbinsel und das römische Reich in seiner Hand vereinigen, sondern auch Sizilien. Der Kirchenstaat hätte es somit im Süden und Norden mit demselben Nachbarn zu tun bekommen. Umso attraktiver wurde jede Alternative: Nachdem Franz I. nicht durchsetzbar erschien, tendierte man sogar zu Friedrich dem Weisen selbst, der aber kein Interesse an der Königskrone zeigte. Dennoch wurde Friedrich in diesen Monaten heftig umworben: Schon im September war in Rom beschlossen worden, ihm die Tugendrose zu überreichen, mit der Fürsten ausgezeichnet wurden, die sich besonders um die Kirche verdient gemacht hatten. Der aus Sachsen stammende päpstliche Kammerjunker Karl von Miltitz (1490–1529) wurde mit der Überreichung beauftragt und nutzte diese Gesandtschaft zu zahlreichen Verhandlungen in Sachsen, die eine friedliche Lösung des Konflikts ermöglichen sollten. Umgekehrt war Friedrich, der das Buhlen Roms um ihn wahrnahm, nicht willens, einen der bekanntesten Professoren seiner Universität einfach nach Rom in einen Prozess mit ungewissem Ausgang ziehen zu lassen. So zog sich die Luthersache hin – aus Sicht derer, denen an seiner Ausschaltung lag, über Gebühr lange. Selbst noch als am 28. Juni 1519 in Frankfurt die Wahl des spanischen Königs zum römischen König Karl V. (1519–1556; gest. 1558) erfolgt war, lag der Prozess brach. Das bedeutete: Ungeachtet der Drohung eines Häresieprozesses konnte Luther weiter zusammen mit

RAFFAEL-PORTRAIT VON LEO X.

Papst Leo X. (1513–1521) stammte aus dem Florentiner Geschlecht der Medici, deren Aufstieg zu Macht und Einfluss sich aus ihren Bankgeschäften entwickelt hatte.

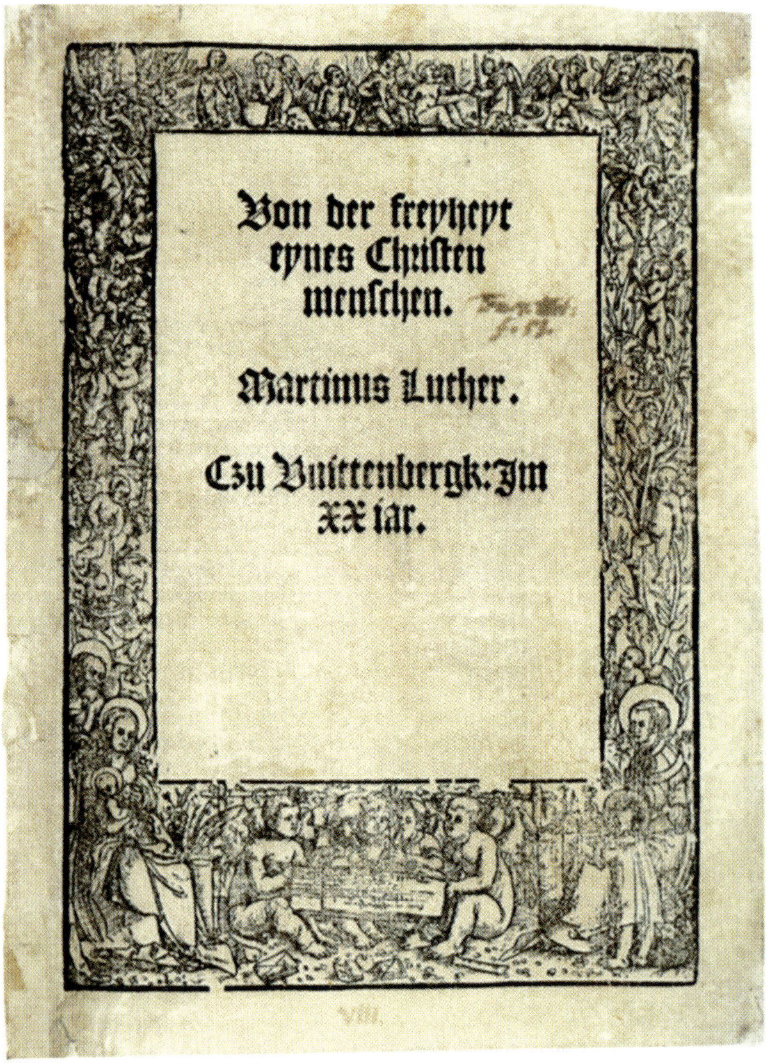
Von der freyheyt eynes Christen menschen.

Martinus Luther.

Czu Wittenbergk: Im XX iar.

Titelblatt »Von der Freiheit eines Christenmenschen«

Die »summa eyniß Christlichen leben«: Luthers Freiheitsschrift von 1520.

seinen Gefährten Theologie treiben und an einer Umgestaltung der Wittenberger Universität wirken.

Doch währte die Ruhe nicht lange. Im Frühjahr 1520 reiste ein Theologe, der Luther nur zu gut kannte, nach Rom: Johannes Eck. Es ist nicht ausschließlich, aber doch vor allem seinem Bemühen zuzurechnen, dass nun der Prozess wieder an Tempo gewann. Nach ersten zögerlichen Ansätzen zur Neuaufnahme Anfang des Jahres betrieb Eck die Zusammenstellung von als häretisch anzusehenden Sätzen Luthers. Sie wurden in einer Bulle unter dem Titel *»Exsurge Domine«* (»Erhebe dich, Herr«) zusammengestellt, durch die Luther aufgefordert wurde, binnen 60 Tagen zu widerrufen. Andernfalls werde ihn der Bann des Papstes, also der Ausschluss aus der Kirche und von ihren Heilsmitteln, den Sakramenten, treffen.

Ein exkommunizierter Professor war auch in Wittenberg zu diesem Zeitpunkt schwer vorstellbar. Wieder war es Karl von Miltiz, der auf eigene Faust versuchte, eine friedliche Lösung zu erwirken: Am 12. Oktober 1520 traf er sich mit Luther in Lichtenburg bei Prettin, zwischen Torgau und Wittenberg, und legte ihm nahe, sich in einem versöhnlichen Schreiben an den Papst zu wenden und diesem ein kleines Büchlein anzuhängen, in dem er seine Lehre darlegte.[5] Durch die Rückdatierung sollte der Anschein erweckt werden, Luther hätte sich noch ohne Kenntnis der Bannandrohungsbulle aus freien Stücken an den Papst gewandt. Tatsächlich ließ Luther sich auf den Handel ein, und es entstand eine seiner grundlegenden theologischen Schriften: die Freiheitsschrift. In ihr legte er dar, wie der Glaubende ganz vom Zwang zur Selbsterlösung befreit ist – und sich gerade dadurch in den freien Dienst der Nächstenliebe gibt. Begleitet wurde diese »summa eyniß Christlichen leben«[6] von einem Sendschreiben an Leo X., in dem dieser, in Anspielung auf seinen Namen, geradezu schmeichelnd als ein Daniel in der Löwengrube angeredet wurde. Unterzeichnet war das Schreiben »Zu Wittenbergk Sexta Septembris. 1520«.[7] Tatsächlich hatte Luther den Text erst Wochen später verfasst.

Wie wenig Luther aber auf solche Finten setzte, zeigt die Tatsache, dass er die mögliche positive Wirkung dieser Fälschung auf den Papst sogleich selbst konterkarierte. Noch im November brachte er auch, zunächst lateinisch, die Schrift *»Adversus execrabilem Antichristi bullam«* (»Gegen die fluchwürdige Bulle des Antichrist«) heraus, und wenig später folgte eine deutsche Fassung: »Wider die Bulle des Antichrist«. Hier äußerte er seine Überzeugung noch deutlicher und ungeschminkt:

»und wil ein zeychen geben, nemlich das: wirt der bapst disze bulle nit widerruffen und vordamnen, datzu D. Ecken mit seinen gesellen, solcher bullen folger, straffen, so sol niemant dran zweyffeln, der bapst sey gotis feynd, Christus verfolger, der christenheit vorstorer, und der rechte Endchrist.«[8]

Nicht der Papst hatte Luther zu exkommunizieren, sondern Luther selbst tat diesem den Willen Christi kund. Symbolisch wurde diese Umkehrung der Verhältnisse bestätigt, als Luther am 10. Dezember 1520 die Bannandrohungsbulle und das Kirchenrecht öffentlich verbrannte. Wenn durch irgendeine Handlung der Bruch mit der mittelalterlichen Kirche ausgedrückt wurde, so durch diese für die heutige Wahrnehmung so schwierige Handlung einer Bücherverbrennung. Luther hatte, unter Berufung auf Jesus Christus selbst, mit der päpstlichen Kirche gebrochen. Wie es ohne den Papst mit der Kirche weitergehen sollte, war damit freilich noch keineswegs klar.

Die Laien sollen handeln

Dass aus den Reformanliegen eines Wittenberger Mönches und Professors eine gesellschaftsverändernde Reformation wurde, lag nicht nur an der unerwarteten und unerwartbaren Verquickung der Luthersache mit der Reichspolitik. Es hatte auch damit zu tun, dass genau in dieser Zeit die Theologie Luthers eine geschlossene Gestalt gewann, die ihr die Kraft gab, ganz unterschiedliche Anliegen zu bündeln. Schrittweise

LUTHER, AUF CHRISTUS WEISEND. PREDELLA DES WITTENBERGER ALTARS DER STADTKIRCHE
Christus allein: Die Konzentration der Frömmigkeit auf Christus, die ihm sein geistlicher Begleiter Staupitz im Rahmen spätmittelalterlicher Frömmigkeitstheologie nahegebracht hatte, blieb auch für die reformatorische Botschaft Martin Luthers tragend.

Dürer-Stich Melanchthons
Philipp Melanchthon – humanistischer Gelehrter und Reformator.

Portrait Gutenbergs
Der Buchdruck mit beweglichen Lettern machte seinen Erfinder Johannes Gutenberg berühmt, aber nicht reich.

hatte sie eigene Akzente gewonnen, die sich durch die Ausschließlichkeitsformeln der reformatorischen Theologie charakterisieren lassen: Schon seit etwa 1513 war es ihm durch seinen geistlichen Begleiter Staupitz zur Gewissheit geworden, dass allein Christus *(Solus Christus)* dem Menschen das Heil eröffnet. Dadurch hatte er sich so wenig zur Distanz von der gesamten spätmittelalterlichen Frömmigkeit und Kirche veranlasst gesehen wie durch die Betonung, dass dieses Heil den Menschen allein aus Gnade *(Sola gratia)* zukommt, die sich ab etwa 1516/7 unter dem Einfluss Augustins verstärkt bei ihm nachzeichnen lässt und die ihn nun allerdings in Konflikt mit der scholastischen Theologie beziehungsweise einer wichtigen Ausprägung derselben brachte. Die Zuspitzung, dass der Mensch diese Gnade allein durch den Glauben *(Sola fide)* empfange, entwickelte er schon unter dem Einfluss der Ausweitung der Kontroversen, etwa im Zusammenhang mit der Heidelberger Disputation 1518. Und es waren Eck und die Leipziger Disputation, die nicht nur zu der Auffassung führten, dass der Papst der Antichrist sei, sondern auch die Kriterien offenlegten, aufgrund deren allein man Gewissheit erlangen könne, nachdem alle innerkirchlichen Instanzen – Konzilien wie Papst – ausschieden: die Schrift allein *(Sola scriptura)*. Es war nicht Luther, der dies zuerst in aller Schärfe formulierte, sondern Philipp Melanchthon. 1518 hatte der junge Professor aus Tübingen, unter Humanisten schon anerkannt durch seine Terenz-Ausgabe, den Lehrstuhl für griechische Sprache in Wittenberg übernommen. Das begründete eine Arbeitsgemeinschaft, die durch viele Spannungen hindurch bis an Luthers Lebensende halten sollte und die auf Dauer die Errungenschaften des Humanismus für die Wittenberger Theologie sicherte. Dabei blieb Melanchthon stets Lehrer an der *artes*-Fakultät. Als Theologe erlangte er keinen höheren Grad als den des *Baccalaureus biblicus*. Der Termin, an dem er die hierfür erforderliche Thesendisputation absolvieren sollte, lag kurz nach der Leipziger Disputation, am 9. September 1519. Und der junge *artes*-Lehrer und angehende Theologe zog die Konsequenzen aus der dortigen Debatte: »Für einen Christen ist es nicht notwendig, über die Dinge hinaus, die ihm durch die Schrift bezeugt werden, noch weitere zu glauben.«[9] Entsprechend sei beispielsweise die auf dem IV. Laterankonzil 1215 zur Erklärung des Geschehens im Abendmahl beschlossene Transsubstantiationslehre im Abendmahl nicht mehr verpflichtend und ihre Leugnung keine Häresie.[10] Luther hat diese Thesen gutgeheißen, und für den Wittenberger Zusammenhang war damit in aller Klarheit formuliert, was sich schon lange angebahnt hatte: Allein die Schrift, nicht die Kirche, legt einen verbindlichen Grund für das, was ein Christ zu glauben hat.

Zeitgleich also war die positive Entfaltung der reformatorischen Theologie in den vier Ausschließlichkeitsformeln und die negative Abgrenzung vom Papsttum vollzogen, und dies in einer Phase, in der der Lutherprozess zunächst aufgrund seiner politischen Begleitumstände ruhte, ehe er bald danach in seine heiße Phase geriet. All dies kam an der Jahreswende 1519/1520 zusammen und bald legte Luther sein reformatorisches Programm in mehreren Flugschriften der lesenden Bevölkerung vor.

Spätestens nun setzte das ein, was sich im öffentlichen Bewusstsein als Verbindung von Reformation und Buchdruck zu Recht tief verankert hat: Johannes Gensfleisch Gutenberg (ca. 1400–1468) hatte seit den fünfziger Jahren in Mainz die moderne Drucktechnik entwickelt, deren wesentliche Innovation der Gebrauch beweglicher Lettern war. So konnte man unter der Druckerpresse nicht nur wie bislang im Blocksatz feststehende Seiten vervielfältigen, sondern aus den einzelnen Buchstaben stets neue Texte zusammensetzen. Das verbilligte und beschleunigte den Druck enorm, machte allerding für die Anschaffung der Bleilettern zunächst eine erhebliche Anfangsinvestition nötig. Zu dieser verhalf Gutenberg der Makler Johannes Fust, der sich allerdings bald nach einem Rechtsstreit die wichtigeren und einträglicheren Teile von Gutenbergs Werkstatt sicherte. So hatte der Erfinder selbst nicht viel von dem enormen Sprung der Medienentwicklung, den er ausgelöst hatte. Das erste Produkt seiner Offizin (Druckerei) war eng mit dem Thema verwoben, das später die Reformation auslösen sollte: ein Ablassbrief aus dem Jahre 1454. Das bekannteste Produkt sollte die zweiundvierzigzeilige lateinische Bibel werden, deren äußeres Erscheinungsbild noch die Orientierung an den mittelalterlichen Handschriften durchscheinen lässt. Die neue Technik, die sich rasend über Mainz hinaus ausdehnte, erbrachte noch im 15. Jahrhundert eine Vielzahl von

Gutenberg-Bibel
Die zweiundverizigzeilie lateinische Bibel aus der von Gutenberg gegründeten Druckerwerkstatt zeigt in ihrem Erscheinungsbild noch die Nähe zur spätmittelalterlichen Handschrift.

Druckwerken, die sogenannten »Wiegendrucke« (Inkunabeln).

Wichtiger als die technologischen Errungenschaften ist die damit verbundene medienhistorische Entwicklung. Zwar verschwand die Kulturtechnik der handschriftlichen Texterstellung keineswegs. Noch Luthers Ablassthesen wurden, wie der Nürnberger Chronist Christoph Scheurl (1481–1542) berichtet, vor ihrer Drucklegung »vhilualtig vmbgeschriben [d. h. abgeschrieben; V. L.] vnd in teutsche landt fur newe Zeitung hin vnd wider geschickt«.[11] Doch mit dem Druck entstanden ganz neue Möglichkeiten und Formen des Umgangs mit Texten. Wer sich im Mittelalter daranmachte, einen Text mit der Hand abzuschreiben, wusste in der Regel, wofür, vor allem aber für wen er dies tat. Solch großer Aufwand wurde nicht auf Ungefähr betrieben, sondern mit konkreter Absicht, meist in konkretem Auftrag. Jede Handschrift hat damit ihre eigene Geschichte.

Diese Sicherheit des Rezeptionswegs aber ging mit der Drucklegung – abgesehen von bestimmten Auftragsdrucken – verloren: Nun orientierte sich der Drucker beziehungsweise, bei einer Ausdifferenzierung der Funktionen, der vorwiegend für den Vertrieb zuständige Verleger mit seinem Gewinninteresse an einem durch produktorientierte Interessen der Käufer beeinflussten Markt. Es entstand so etwas wie Öffentlichkeit und, mit ihr verbunden, Publizistik im eigentlichen Sinne. Der Drucker druckte, was er für so interessant hielt, dass es in einer bestimmten Stückzahl für einen Preis gekauft wurde, der zwar nun – gemessen an Handschriften – niedrig, gemessen am tatsächlichen Einkommen aber durchaus spürbar war. Abgesehen von klerikalen Kreisen waren es vor allem die Bürger der Städte, die sich im späten Mittelalter die Lesefähigkeit angeeignet hatten, nicht zuletzt aufgrund der Notwendigkeiten, die sich aus ihren geschäftlichen Beziehungen ergaben, aber auch aus dem oben beschriebenen intensivierten Interesse an geistlicher Literatur. Gerade vor diesem Hintergrund waren es weniger die schwerleibigen theologischen, philosophischen oder juristischen Werke, die einen Verkaufserfolg versprachen, als geistliche Literatur, die der Erbauung diente. Nicht nur die quantifizierend-veräußerlichende Tendenz spätmittelalterlicher Frömmigkeit wurde mithin wie im Ablassbrief von 1454 von der neuen Technik bedient und unterstützt, sondern auch die auf Verinnerlichung ausgerichtete. Und Luther selbst hatte schon mit seiner ersten Publikation hieran teilgehabt: 1516 brachte er, zunächst noch fragmentarisch, die »Theologia deutsch« heraus, eine mystische Schrift aus dem 14. Jahrhundert, die auf den Bahnen Johannes Taulers die Buße des Glaubenden in den Mittelpunkt stellte. Ganz auf dieser Linie folgte nicht nur nach zwei Jahren die vollständige Ausgabe dieses Werkleins, sondern auch eine Auslegung der sieben Bußpsalmen im Jahre 1517.

Zunehmend bediente er aber auch ein anderes, für Medien immer wieder bedeutsames Interesse der Öffentlichkeit: die Suche nach aktueller Orientierung. Schon die »Dunkelmännerbriefe« zeigten etwas davon, wie literarischer Markt funktionieren konnte: Ein Thema war da, wurde bearbeitet und bedient. So wurde auch das Thema Luther selbst bald zu einem Gegenstand, der die Öffentlichkeit beschäftigte, und er hatte, nicht zuletzt durch die Herausgabe der *»Acta Augustana«*, regen Anteil daran. Die Suche nach aktueller Orientierung brachte eine eigene Publikationsform hervor: die Flugschrift. Bis heute ist man sich in der exakten Definition nicht ganz einig, wohl gerade deswegen, weil man diese Form sehr stark vom Rezeptionsinteresse der aktuellen Orientierung her fassen muss. Das bringt mit sich, dass das entsprechende Produkt nicht zu teuer sein darf, dafür aber handlich sein muss: In der Regel hatten solche Flugschriften nicht mehr als fünfunddreißig Blätter, also etwa siebzig Seiten, im Quartformat. Mit dieser Größenangabe bezeichnet man ein zweimal gefaltetes Blatt – das Ergebnis liegt bei etwa 20 mal 30 Zentimetern. Es handelte sich also, kurz gesagt, um Hefte, für die man freilich immer noch etwa das Viertel des Tageseinkommens eines Tagelöhners aufzubringen hatte.[12] Man konnte sie schnell lesen und wusste über das, was anstand, Bescheid. Ja, der Inhalt war komprimiert genug, um ihn mündlich auch an nicht des Lesens Kundige weiterzugeben. Ein Teil der Wirkung Luthers lag unter anderem darin begründet, dass er diese doppelte Motivlage bediente: Er war ein Schriftsteller, dem es durch seine rechtfertigungstheologische Transformation von Mystik und Frömmigkeitstheologie gelang, den geistlichen Bedürfnissen, die sich in der verinnerlichenden Frömmigkeit des späten Mittelalters ausgedrückt hatten, entgegenzukommen und ihnen eine neue Mitte zu geben. Der Reformationshistoriker Berndt Hamm spricht diesbezüglich von einer »normativen Zentrierung«. Zugleich aber brachte Luther das, was man heute wohl als »Medien-Hype« bezeichnen würde: die Brisanz eines Mannes, der unerschrocken Kritik übte – wie er es so eindrücklich in der Ablassfrage getan hatte – und der, bis hin zur Drohung des Häresieprozesses aus Rom, mit steter Gegenwehr zu rechnen hatte.

Versucht man, die Wirkung der Botschaft Luthers entsprechend den medialen Rahmenbedingungen seiner Zeit auch aufgrund des Rezeptionsinteresses seiner regen Leserschaft zu verstehen, so drängt sich neben dem Interesse an Erbauungsliteratur und an aktueller Orientierung auch ein weiterer Gesichtspunkt auf: die oben beschriebene neue Betonung nationaler Aspekte, die der Humanismus mit sich gebracht hatte. Als Luther 1518 den vollständigen Text der »Theologia deutsch« herausbrachte, erklärte er im Vorwort:

»Werden aber villeicht wie vormals sagen, Wyr seyen deutsch Theologen, das laßen wyr ßo seyn. Ich danck Gott, das ich yn deutscher zungen meynen gott alßo höre und finde, als ich und sie mit myr alher nit funden haben, Widder in lateynischer, krichscher noch hebreischer zungen. Gott gebe, das dißer puchleyn mehr an tag kumen, ßo werden wyr finden, das die Deutschen Theologen an zweyffel die beßten Theologen seyn, Amen.«[13]

Ulrich von Hutten

Deutsche Freiheit – das war die Botschaft Ulrichs von Hutten.

Das verband den Mut und die Bereitschaft, die Grundfragen des Heils und des Glaubens nicht nur in der lateinischen Fachsprache zu disputieren, mit einer wertenden Hervorhebung des Deutschen. Luther griff mit solchen Äußerungen ein Muster auf, das publizistisch auch von andern, insbesondere Ulrich von Hutten, verwandt wurde: den Gedanken einer spezifischen Freiheit der Deutschen, die Vorstellung, dass es spezifische deutsche Rechtsformen gab, die durch die fremden Einflüsse bedrückt zu werden drohten.[14] Was immer hinter dieser Vorstellung stehen mag: Publizistisch war die Kombination aus »deutsch« und »frei« zu einem Komplex geworden, in den Luthers Botschaft nur zu gut hineinpasste. Wie gut, sollte sich im Jahre 1520 zeigen, und zwar durchaus auch durch Huttens eigene Stellungnahme. In einem eigenen Druck

Wittenberger Stadtkirchenaltar
Der Wittenberger Stadtkirchenaltar von 1547 zeigt die Sakramente Taufe und Abendmahl sowie die Beichte, die insofern zu diesen Handlungen gehört, als die Buße als Rückkehr zur Taufe eingeordnet wurde.

versah Hutten die Bulle mit bissigen Kommentaren: Zu den Einleitungsworten »Exsurge Domine« der Bulle, »Erhebe dich, Herr«, setzte er: »Er wird sich erheben, aber pass auf, dass dir das nicht großen Schaden bringt!« Und die Fortsetzung: »verschaffe deiner Sache Recht«, wurde in Huttens spöttischem Kommentar mit der Bemerkung versehen: »Er wird ihr Recht verschaffen, und darauf warten wir mit großer Sehnsucht«.[15] Für die lesende Bevölkerung trat vor Augen, dass sich hier eine Allianz formierte, in die bisher aufgebaute Kritik, Ressentiments und Hoffnungen einmünden konnten.

Die bereits im Zusammenhang mit der Widmung an Leo X. angesprochene Schrift »Von der Freiheit eines Christenmenschen« aus dem Jahre 1520 ist Teil einer Publikationsoffensive Luthers, die um den Gedanken der Freiheit kreiste – wohlgemerkt: nicht jener deutschen Freiheit, von der Hutten gesprochen und geschrieben hatte. Luthers Botschaft war die von der christlichen Freiheit: dass der Glaubende sich sein Heil nicht zu erarbeiten hat, weil Christus ihm alles schon bereitet hat. Mit dieser theologisch tiefgehenden, bis heute die reformatorische Botschaft eingängig vortragenden Schrift setzte Luther den Schlussstein einer Reihe von Schriften, in denen es um die Folgen der Rechtfertigungsbotschaft in Gesellschaft und Kirche ging. Ob nun eine Schrift den Titel »Von der babylonischen Gefangenschaft der Kirche« trug oder in der Schrift »An den christlichen Adel deutscher Nation von des christlichen Standes Besserung« von den drei Mauern die Rede war, durch die die »Romanisten«[16] sich vor Angriffen schützten – überall drang durch, dass die reformatorische Botschaft eine Freiheitsbotschaft war. Die Schrift »Von der babylonischen Gefangenschaft der Kirche«, die im Oktober 1520 erschienen war, zielte auf das Herz der mittelalterlichen Kirche: die Heilsvermittlung. Ausgehend davon, dass ein Sakrament nur ein Vorgang sein könne, in dem sich ein Wort der Heilsverheißung mit einem äußeren Zeichen verbinde, kam Luther zu dem Ergebnis, dass von den sieben Sakramenten der mittelalterlichen Kirche – Taufe, Firmung, Eucharistie (Abendmahl), Buße, Ehe, Weihe und Letzte Ölung lediglich Taufe und Abendmahl diese Bezeichnung verdienten. Bedingt war die Buße als Rückkehr zur Taufe noch in diesen Zusammenhang zu stellen, nicht aber als eigenes Sakrament zu rechnen. Von den vier anderen Handlungen konnte keine dieser Kategorie zugeordnet werden. Galt dies, so war die Form der umfassenden Lebensbegleitung, die die mittelalterliche Kirche in ihrer Sakramentenlehre entwickelt und etabliert hatte, zur Disposition gestellt. Es stand nicht mehr an allen wichtigen Stufen der Biographie – von der Adoleszenz über die Weggabelung zwischen Ehe- und (durch die Weihe begründetem) Klerikerstand bis zum Tod – ein Heilsangebot der Kirche. Luther hatte nicht unmittelbar Vorstellungen, wie eine neue Lebensgestaltung aussehen sollte, ja, seine Reflexionen über die Ehe zeigen, dass mit diesem Umbau der Kirche, der aus dem rechtfertigungstheologisch begründeten Bezug des Heils auf das verheißende Wort Christi folgte, auch die gesellschaftliche Grundordnung ins Schlingern geriet: Wenn Luther erklärte, dass er die Scheidung so verabscheue, dass er ihr die Bigamie vorzöge,[17] ist dies Indiz der Intensität, mit der hier ein neues Nachdenken erfolgte. Selbstverständlich blieb Luther dabei, dass die Einehe das gebotene Lebensmodell für Christen sei – auch sein seelsorglicher Ratschlag an Philipp von Hessen (s. u., S. 139f.) belegt keinen Zweifel an der Aufrichtigkeit dieses Grundsatzes.

Deutet sich schon in dieser Schrift an, dass und wie Luthers theologische Auffassungen weit in gesellschaftliche Fragen ausgriffen, so gilt dies erst recht für die wenig früher erschienene Adelsschrift, deren komplizierter Titel schon anzeigt, wessen Erwartungen hier angesprochen wurden: Der Adel »deutscher Nation« sollte über »des christlichen Standes Besserung« kundig gemacht werden. Hier ging es nicht nur um den Versuch eines Wandels der Mentalität, sondern die Betonung der deutschen Nation gewann auch Konkretionen: Angesichts einer reformunfähigen Kirche sollten nun die politischen Ver-

Einen andern Grund kann niemand legen
außer dem, der gelegt ist, welcher ist
JESUS CHRISTUS
A.D. 1547
A.D. 1928

EBERNBURG
Auf der Ebernburg beschützte Franz von Sickingen Anhänger der Reformation.

antwortungsträger die Reform der Kirche selbst in die Hand nehmen. Der Appell an den Adel stand dabei keineswegs im luftleeren Raum, die Verbindung aus Romkritik und Adelsunmut fand in dem bewegten Jahr 1520 auch anderen Ausdruck: Ulrich von Hutten, dem aufgrund seiner antirömischen Schriften gleichfalls ein Prozess drohte, suchte Zuflucht auf der Ebernburg des Franz von Sickingen (1481–1523). Vom September 1520 bis zum August 1521 konnte er aus dieser gesicherten Position heraus weiter seine Polemik verbreiten und suchte in derselben Zeit durch mehrere Briefe auch den Anschluss an Luther. Noch kurz ehe er selbst auf die Ebernburg floh, übermittelte er Luther das Angebot Sickingens, ihn dort gleichfalls zu verstecken.[18] Überschrieben war der Brief mit *»Vive libertas«* (»Es lebe die Freiheit«).[19] Dass Luthers Ideale sich mit den eigenen deckten, dass der Kampf gegen Rom und für die deutsche Freiheit sie verbinde – so viel war jedenfalls in Huttens Sicht deutlich.

Luther selbst hat dieses Angebot nicht aufgegriffen und sich auch nicht in dieser direkten Form für die Interessen einzelner Adeliger vereinnahmen lassen. Aber dass er mit seiner Botschaft auch das aufnahm, was auf politischer Ebene schon lange verhandelt wurde, war ihm durchaus bewusst. Die Probleme, die er in der Adelsschrift auflistete, waren nicht neu. Sie knüpften erkennbar an die *»Gravamina nationis Germanicae«* (s. o., S. 13) an. Vor allem ging es um die finanzielle und rechtliche Austrocknung Deutschlands zugunsten Roms: Das ganze System von Abgaben wie Annaten und Servitien, durch das sich das Papsttum in der Zeit seiner Residenz in Avignon, fernab des Kirchenstaates, eine monetäre Grundlage geschaffen hatte, wurde zur Zielscheibe einer Kritik, die Luther nicht erfinden musste, aber mit besonderer Wucht vortrug. All dies hatte zu einer erheblichen finanziellen Belastung geführt, die die Amtsinhaber auf die eine oder andere Weise an die Gläubigen weitergaben. Beschwerlich war auch die vielfach vor allem für Kleriker gegebene Möglichkeit, Rechtsprozesse nach Rom zu ziehen und damit den Zugriff der örtlichen Instanzen zu unterlaufen. Was immer Luther hier ansprach, konnte auf vielfältige Zustimmung stoßen, einschließlich der Perspektive, die sich, ohne ganz klar ausgesprochen zu sein, am Horizont der Adelsschrift abzeichnete: die Bildung einer vom Papst unabhängigen Nationalkirche. Da es Frankreich in der »Pragmatischen Sanktion« von Bourges gelungen war, die eigene Kirche weitgehend von römischem Zugriff freizustellen, war dies keine ganz abwegige Vorstellung, ja, die oben beschriebenen kirchlichen Dezentralisierungstendenzen auch im Reich zeigen, dass die Vorstellung, die Kirche müsse mit Hilfe der weltlichen Macht reformiert werden, schon längst zur möglichen Praxis geworden war. Was aber fehlte, war – obwohl es etwa bei Wilhelm von Ockham oder Marsilius (gest. 1342/3) von Padua im 14. Jahrhundert schon einzelne Ansätze gab – eine schlagkräftige Begründung. Diese bot nun Martin Luther:

»Dan was ausz der tauff krochen ist, das mag sich rumen, das es schon priester, Bischoff und Bapst geweyhet sey ... Szo folget ausz dissem, das leye, priester, fursten, bischoff, und wie sie sagen, geistlich und weltlich, keinen andern unterscheyd ym grund warlich haben, den des ampts odder wercks halben, unnd nit des stands halbenn.«[20]

Der Gedanke des allgemeinen Priestertums ist hier plastisch und eindringlich formuliert und dient in der Adelsschrift als entscheidende gedankliche Brücke, die das Einschreiten auch der Laien gegen die Herrschaft des Klerus legitimiert. In ihm wird deutlich, wie die allmähliche Transformation mittelalterlichen Denkens durch Luthers Rechtfertigungstheologie sich in gesellschaftliche Änderungsprozesse umsetzen konnte, wie aus Theologie Geschichte werden konnte. Tatsächlich gab es schon bei Johannes Tauler die Vorstellung, dass nicht allein die Weihe den Priester mache – wodurch die Bindung des Heils an einen Stand der Geweihten (die Kleriker) unterhöhlt wurde. Doch waren es bei ihm die besonders andächtigen Mystiker gewesen, denen er metaphorisch das Prädikat des Priesters zugesprochen hatte. Genau hier ging Luther einen Schritt weiter und öffnete damit das, was dem Mystiker für bestimmte Kreise möglich erschien, für alle Christen: Was den Priester zum Priester machte, war nicht, wie es dem mittelalterlichen Kirchenrecht entsprach, die Weihe, es war auch nicht, wie bei Tauler, die mystische Andacht, sondern es war dasselbe, was den Christen zum Christen machte: die Taufe. Jeder war Priester und jeder mithin zur Gestaltung der Kirche befugt. Die Radikalisierung der aus der spätmittelalterlichen Mystik tradierten Vorstellung von einer Unmittelbarkeit Gottes wurde zur Begründungsfigur einer umfassenden Kirchenrefom, die vielfach an vorhandene Hoffnungen und Erwartungen anknüpfen konnte. Die brisante Mischung aus Vertrautem und, durch die normative Zentrierung in neuer Weise gegebener, schlagkräftiger Begründung konnte durch den »explosionsartigen Erfolg«[21] der Adelsschrift breite Wirkung entfalten. Noch im selben Jahre 1520 erschienen vierzehn Nachdrucke – und das, nachdem bereits die Höhe der ersten Auflage mit 4000 Exemplaren[22] bemerkenswert hoch gewesen war.

Der – allerdings nur sehr kurzzeitige – Erfolg wiegt umso mehr, als die Adelsschrift ja in den beschriebenen Zusammenhang der reformatorischen Schriften eingebettet war. Mystisch gefärbte Erbauung, Freiheit, Reform der Kirche, Entlastung der bedrängten Nation, allgemeines Priestertum: Was in diesen Schriften des Jahres 1520, begonnen durch die Initialzündung der Adelsschrift, vor Augen stand, war ein Set von Worten und Konzepten, das auf höchste Sympathien dort treffen konnte und musste, wo man schon lange mit der Änderung der Kirche begonnen hatte: im städtischen Bürgertum und unter den Adeligen. Die Publikationsoffensive Luthers wäre nicht möglich gewesen, wäre sie nicht

Luther als Held
Luther befreit als Hercules die bedrängten Gewissen.
Zeichnung, 1524, von Peter Vischer d. J.

Doppelbild aus dem »Passional Christi und Antichristi« von Lucas Cranach
Cranachs Darstellung schärfte die reformatorische Ablehnung des Papsttums sinnenfällig ein.

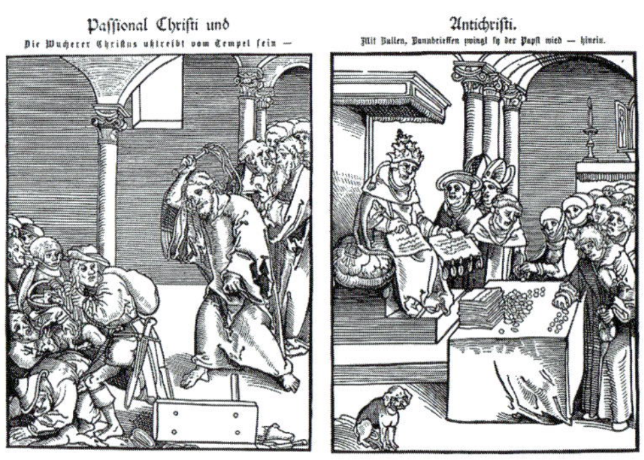

auf ein aufnahmebereites Publikum gestoßen, das schon längst alles andere als romhörig war. Hier, bei Luther konnte man nicht nur lernen, *dass* die Laien die Kirche gestalten durften, sondern auch, *warum*. Dass religiöse Erbauung und politischer Appell so stark ineinandergriffen, dass derselbe Gedanke des allgemeinen Priestertums sowohl in der kirchenpolitisch ausgerichteten Adelsschrift als auch in der tief spirituellen Freiheitsschrift[23] an hervorgehobener Stelle erscheinen konnte, macht deutlich, was unter der normativen Zentrierung zu verstehen ist, die Luther brachte. Die spirituellen Bedürfnisse der Bürger wurden hier ebenso befriedigt wie ihr Drang nach einer Selbstorganisation der Kirche. Das heißt: All jene Kräfte innerhalb der spätmittelalterlichen Polaritäten, die eher fortdrängten von der offiziell vorgegebenen Religiosität, wurden unterstützt und gewannen an Kraft. Luther, nun als »Hercules Germanicus« gefeiert, war zu einer Person geworden, in der sich Hoffnungen und Energien bündelten. Und diese positive Identifikation in der Person Luthers, in der Botschaft von der evangelischen Freiheit, die bald zur Forderung nach der Freiheit der Evangeliumsverkündigung werden sollte, verband sich mit einer für Prozesse der Identitätsbildung nicht minder wichtigen negativen Abgrenzung – nicht allgemein vom Klerus, sondern sehr konkret vom

Papst. Da war es nicht nur jene Schrift aus dem Spätjahr 1520 gegen die Bulle des Antichrist, die die antirömische Stimmung in all ihren Facetten anheizte, sondern Luther hatte einen wirkungsvollen Mitstreiter: den Maler und Apotheker Lucas Cranach, der wie kein anderer das Bild der Reformation prägen sollte. 1521 brachte er ein Buch heraus, das Luthers Papstkritik in eindrückliche Bilder umsetzte: das »Passional Christi und Antichristi«. Bild für Bild wurde hier vor Augen gestellt, welche Wohltaten der wahre Christus gebracht hatte und welche Gräueltaten der Papst als sein widerwärtigster Gegner vollbrachte. Dies war nur eine der wüsten Polemiken gegen den Papst, die in diesen Jahren erschienen – Melanchthon tat 1523 das Seine, als er das Bild eines Monstrums, das man angeblich 1496 im Tiber gefunden hatte, als »Papstesel« deutete. Cranachs Büchlein aber hat in besonderer Weise den Gedanken des Gegensatzes zu Christus ins Bild gebracht – und dies zu einer Zeit, als die Entwicklung der reformatorischen Bewegung aufs Äußerste bedroht war: Im Mai 1521 kamen die Verhandlungen um Luther im Reich zu ihrem Abschluss – auf den Bann folgte die Acht.

Die Reichs-Acht

Im Januar 1521 hat Karl V. offenbar Luthers Landesherrn Friedrich dem Weisen zugesagt, den Wittenberger Professor nicht ohne eigenes Verhör zu verurteilen,[24] also den Automatismus einer jeglichen Schutz aufhebenden Ächtung aufgrund der im Bann ausgesprochenen Exkommunikation zu entkoppeln. Damit war für den Reformator eine große Bühne bereitet: der Reichstag, der im Frühjahr 1521 in Worms tagen sollte. Die Erwartungen, die sich mit dieser Reise verbanden, waren vielfältig: Die Bevölkerung auf dem Weg konnte den gewaltigen Prediger – und die Person öffentlichen Interesses – Martin Luther erleben und feiern. Die zweiwöchige Reise von Wittenberg nach Worms war der schwere Weg zu einer Verhandlung, aus der Luther kaum erwarten konnte heil herauszukommen, und zugleich war sie ein Triumphzug. An den verschiedensten Orten wurde Luther begrüßt und bejubelt, betrat die Kanzel und verkündete frei die Freiheit des Evangeliums. Und in Worms warteten die Würden- und Verantwortungsträger des Reiches auf ihn. Es war nicht

Papstesel, Druck von 1523
Ein angeblich 1496 im Tiber gefundenes Monstrum wurde von Melanchthon auf den Papst gedeutet.

LUTHER AUF DEM REICHSTAG ZU WORMS VOR KAISER UND KURFÜRSTEN

Eine »Urszene«: Luther auf dem Reichstag von Worms 1521. Holzschnitt von Hans Sebald Beham.

mehr der Ordens- und Universitätskontext wie in Heidelberg oder Leipzig. Hatte sich hier schon durch die Gegenwart Georgs des Bärtigen (1500–1539) der politische Rang angedeutet, den die theologische Lehre Martin Luthers erlangt hatte, so war nun das Forum vollends ein politisches. Das war nach der Adelsschrift alles andere als unangemessen, insofern viele Würden- und Verantwortungsträger aus Territorien und Städten, die auf dem Reichstag versammelt waren, hofften, in Luther jemanden anzutreffen, der ihre seit langem artikulierten Interessen theologisch begründete. Der verurteilte Ketzer war zugleich der, der deutlich wie kein anderer das Recht und die Pflicht des Adels eingeschärft hatte, die Kirche in Deutschland auch ohne und gegen Rom zu reformieren. Die Hoffnungen auf Stärkung territorialer Macht und finanziellen Gewinn, die sich mit der Durchsetzung eines solchen Programms verbinden ließen, waren nicht gering – die Ambivalenz, mit der man Luther in Worms erwartete, entsprechend hoch.

Das Verhör in Worms ist zu einer Art Urszene, einem historischen Erinnerungsort geworden – schon von Zeitgenossen literarisch verarbeitet und bildlich umgesetzt und bis heute filmisch nachgestellt. Die historisch nicht verbürgte Wendung: »Hier stehe ich, ich kann nicht anders«, lässt freilich eine Statik assoziieren, die der Dynamik des tatsächlichen Geschehens kaum gerecht wird. Schon die Konstruktion des angestrebten Verhörs war eigenartig: Über Luthers Lehre war von zuständiger Seite aus – Rom – klar geurteilt worden. Ein Reichstag konnte nicht mehr entscheiden, ob hier Häresie vorliege oder nicht. Zu entscheiden war allenfalls, ob Luther, was ihm zur Last gelegt wurde, tatsächlich gesagt hatte, auch wenn man eigentlich voraussetzen sollte, dass diese *quaestio facti* ebenfalls durch die römischen Behörden geklärt worden sei. So wurden Luther am 16. April 1521 seine Schriften mit der Frage vorgelegt, ob er sie verfasst habe, und dies bejahte er unumwunden. Aus kaiserlicher Sicht war es plausibel, daraufhin einen Widerruf zu fordern, während Luther die Sache ungeachtet des Bannspruchs aus Rom noch für offen hielt. So beantwortete er die Aufforderung zum Widerruf eigentümlich zögerlich: Weil die Sache so schwer sei und das Wort Gottes anbelange, bitte er um Bedenkzeit. Bedenkzeit – nachdem er sechzig Tage Widerrufzeit durch die Bannandrohungsbulle hatte verstreichen lassen, nachdem er seit Monaten auf den Reichstagstermin vorbereitet war. Hier ging es schwerlich um ein inhaltliches Bedenken, eher darum, wie er die platte Frage nach dem Widerruf noch einmal umgehen und die ambivalente, für Luthers Anliegen zu Teilen jedenfalls offene Stimmung des Auditoriums nutzen konnte. Fast ebenso erstaunlich wie die Bitte um Bedenkzeit ist die Tatsache, dass sie ihm auch gewährt wurde: Die Luther-Sache wurde unterbrochen, und Luther kam am nächsten Tag gut gerüstet zurück zum Verhör.

Nun unterschied er drei Gruppen seiner Schriften. Die erste bestehe, so Luther, aus Schriften, die Glaube und Sitten behandelten und an denen auch seine Gegner nichts auszusetzen hätten. Sie könne er also nicht widerrufen. Die zweite aber, auf der der unter Gesichtspunkten der Rezeption eigentlich interessante Akzent lag, bekämpfte das Papsttum. Hier habe er nichts zurückzunehmen,

»Denn das kann niemand leugnen oder verbergen, da es die Erfahrung und die Klage aller bezeugen, dass die Gesetze des Papstes und die Menschenlehren die Gewissen der Gläubigen elend in Fesseln geschlagen, misshandelt und zu Tode gefoltert haben und dass vor allem in dieser ruhmreichen deutschen Nation Hab und Gut von unglaublicher Tyrannei ohne Ende und auf unwürdige Weise verschlungen worden sind und noch verschlungen werden.«[25]

In einem Satz verdichtete sich hier, was Luther als publizistisches Programm vorgebracht hatte: die Rechtfertigungslehre, die den von Menschensatzungen bedrängten Gewissen die Freiheit des Evangeliums verkündete, und die Kritik am Papst, die weit über diese Frage von Theologie und Frömmigkeit hinausging und durch den Appell an die »ruhmreiche deutsche Nation« ihre eigentliche Spitze erhielt, mit der Luther die Reichsstände noch einmal darauf stieß, um welche Fragen es hier auch ging. Dass er im Blick auf eine dritte Gruppe von Schriften bedauerte, schärfer gewesen zu sein, als es einem Christen und Mönch zustehe, fiel demgegenüber kaum mehr ins Gewicht.

Die Komplikation, die Luther durch die Dreiteilung der Schriften eingeführt hatte, war keineswegs im Sinne des Kaisers. Der Sprecher des Reichstags warf Luther vor, er habe nicht zur Sache gesprochen, und so musste er noch einmal, nun ohne die vorhergegangene Differenzierung das Wort ergreifen:

Luther als Junker Jörg
Der Reformator auf der Wartburg.

WARTBURG
Luthers Versteck nach dem Wormser Reichstag: die Wartburg.

ALBRECHT DÜRER
Selbstbildnis, 1500.

»Weil Eure geheiligte Majestät und Eure Herrschaften es verlangen, will ich eine schlichte Antwort geben, die weder Hörner noch Zähne hat: Wenn ich nicht durch das Zeugnis der Heiligen Schrift oder vernünftige Gründe überwunden werde – denn weder dem Papst, noch den Konzilien allein vermag ich zu glauben, da es feststeht, dass sie wiederholt geirrt und sich selbst widersprochen haben –, so halte ich mich überwunden durch die Schriften, die ich angeführt habe, und mein Gewissen ist durch Gottes Worte gefangen. Und darum kann und will ich nichts widerrufen, weil gegen das Gewissen zu handeln weder sicher noch lauter ist.«[26]

So erklärte er und schloss die Rede wohl nicht mit dem oben schon angesprochenen trotzigen Ausspruch vom Nicht-anders-Können, sondern mit der demütigen und tiefernsten Bitte: »Gott helfe mir. Amen.«[27]

Der Widerruf war ausgeblieben. Am folgenden Tag, dem 19. April sprach der Kaiser seinerseits »la noble et renommée nation de Germanie«, die »edle und gerühmte deutsche Nation«,[28] an – und macht schon allein durch die französische Sprache, in der er dies tun musste, den prekären Charakter dieser Anrede deutlich. Vor allem aber gab er seiner Gewissheit Ausdruck, es sei

»gewiss, dass ein einzelner (Ordens)bruder irrt mit seiner Meinung, die gegen die ganze Christenheit steht, sowohl während der vergangenen tausend und mehr Jahre als auch in der Gegenwart; andernfalls wäre die ganze genannte Christenheit immer im Irrtum gewesen und würde es (noch heute) sein«.[29]

Reichsrechtlich bestand damit kaum noch Spielraum, denn der Kaiser war für den Erlass der Acht nicht auf die Zustimmung der Stände angewiesen. Dennoch endeten mit dem Verhör und dem Bekenntnis des Kaisers die Bemühungen der Stände keineswegs, die Luthersache doch noch für ihre Anliegen zu nutzen. Insbesondere der Kurfürst von Sachsen, aber auch der Pfälzer Kurfürst und der Erzbischof von Mainz wollten den Fall Luther nicht unmittelbar zu den Akten legen, und die Stände erreichten es sogar, dass der Kaiser ihnen drei Tage zu weiteren Verhandlungen mit Luther gab – freilich mit dem selbstverständlichen Ziel, ihn zum Widerruf zu bewegen. Nicht nur dieses Ansinnen, sondern auch das Kompromissangebot, einzelne Artikel aus seinen Schriften herauszuziehen und einem künftigen Konzil vorzulegen, lehnte Luther aber ab. Aufgrund seiner in den vergangenen Jahren gewonnenen Überzeugung, dass keine menschliche Instanz irrtumsfrei über Fragen des Heils entscheiden konnte, war dies ganz konsequent.

1500
AD
Albertus Durerus Noricus
anno XXVIII.

Septembertestament
Wichtigstes Ergebnis von Luthers Wartburgzeit war die Übersetzung des Neuen Testaments, die im September 1522 in Wittenberg gedruckt wurde.

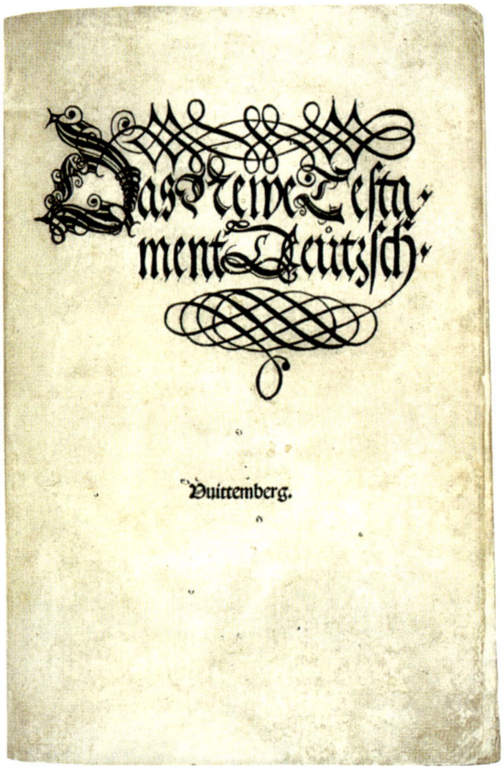

Ganz konsequent und, trotz der vorherigen Abreise des sächsischen und des pfälzischen Kurfürsten, durchaus auf zureichender Rechtsgrundlage, erließ der Kaiser am 25. Mai das Wormser Edikt, das aufgrund seiner vorherigen Ausfertigung das Datum des 8. Mai trägt. Ironischerweise enthielt dieses Dokument, dessen Geltung für die offizielle Durchführung oder Nichtdurchführung der Reformation für die kommenden Jahre maßgeblich sein sollte, keine ausdrückliche Formulierung, die Luther unter Reichsacht stellte, machte jedoch klar, dass genau dies galt. Luther wurde als offenkundiger Ketzer bezeichnet und jeder, der ihm Aufenthalt oder sonstigen Schutz gewährte, wurde seinerseits mit der Reichsacht bedroht.

Heimlich hatte Luther gleichwohl schon einen Beschützer gefunden: Kurz nach seiner Abreise aus Worms am 26. April 1521 hatte sein Landesherr Friedrich der Weise einen Überfall inszeniert und ihn in sicheren Gewahrsam auf die Wartburg gebracht, wo Luther gut zehn Monate als Junker Jörg lebte. Fernab der weiteren Entwicklungen, aber in rastloser literarischer Tätigkeit, fertigte Luther in dieser Zeit neben vielem anderem die Übersetzung des Neuen Testaments aus der griechischen Ursprache an, die im September 1522 in Wittenberg gedruckt wurde. Für die Öffentlichkeit war die Person, die im Mittelpunkt des Interesses gestanden hatte, nun verschwunden – zeitweise fürchtete man sogar um sein Leben, wie die eindrückliche Klage des Nürnberger Malers Albrecht Dürer deutlich macht:

»Und so wir diesen Mann verlieren, der do klärer geschrieben hat dann nie keiner in 140 Jahren gelebt, den du ein solchen evangelischen Geist geben hast, bitten wir dich, o himmlischer Vater, daß du deinen heiligen Geist wiederum gebest einem andern, der do dein heilige christliche Kirch allenthalben wieder versammel, auf daß wir all ein und christlich wieder leben, daß aus unsern guten Werken alle Ungläubige, als Türken, Heiden Kalakuten, zu uns selbst begehren und christlichen Glauben annehmen.«[30]

IV.

Gestaltungen

Rasche Reformen in Wittenberg

Dürers Klage zeigt: Luthers Fehlen wurde in ganz Deutschland gespürt – naheliegenderweise am stärksten und intensivsten in Wittenberg. Auch wenn insbesondere die Universitätsreform ein gemeinsames Anliegen gewesen war, so hatten doch die Ereignisse seit 1517, vor allem der mit ihnen verbundene publizistische Wirbel und der rechtliche Horizont, dafür gesorgt, dass sich die reformatorische Bewegung ganz auf diesen einen Mann konzentrierte. In Wittenberg war niemand, der ihn angemessen hätte ersetzen können. Symptomatisch hierfür wurde die Situation an der Stadtkirche, an der Luther als Prediger gewirkt hatte. Der Reformator selbst versuchte, als seinen Vertreter Philipp Melanchthon zu installieren, doch die Verhältnisse waren noch nicht derart, dass man bereit gewesen wäre, Luther in seiner Überschreitung der kirchenrechtlichen Barrieren einfach zu folgen: Melanchthon war nicht geweiht und kam daher für den Rat nicht als Vertreter in Frage. Freilich wurde auch niemand anderes offiziell in diese Position gehoben. Faktisch riss Andreas Karlstadt das Heft des Handelns an sich. Nach Lebenszeit wenig jünger, nach professoralen Amtsjahren wenig älter als Luther hatte er dem Sturm und Drang des Kollegen zunächst skeptisch entgegengestanden, obwohl er, wie dieser, unter dem Einfluss von Staupitz stand und sich weit für die mystisch gefärbte

Luthers Kanzel
Die Kanzel, von der aus Luther über Jahrzehnte hinweg zur Wittenberger Stadtgemeinde predigte.

Frömmigkeitstheologie geöffnet hatte. Luther sollte, so meinte Karlstadt anfangs, nicht recht haben: Im Januar 1517 besorgte er sich in Leipzig eine Ausgabe von Augustins Werken,[1] um Luther zu widerlegen. Er kam jedoch zu dem Ergebnis, dass diese Widerlegung nicht gelingen könne, weil Luther schlicht recht habe. Seitdem verstand er sich als treuen Begleiter der Reformation und rückte nun, in der aufgeheizten Situation des Frühjahrs und Sommers 1521, ins Zentrum der Ereignisse. Luthers Abwesenheit sollte nicht zu einem Erliegen der Bewegung führen, sondern sie sollte weiter vorangetrieben werden.

Zu einem Symbol der mangelnden Partizipation der Laien am Heilsgeschehen wurde das Abendmahl, das in doppelter Perspektive Probleme aufwarf: Schon im August 1520 hatte Luther im »Sermon vom Neuen Testament« darauf verwiesen, dass es sich bei diesem Sakrament nicht um ein Werk handelte, mit dem der Mensch Gott irgendetwas geben könne, und im selben Jahr hatte er in *»De captivitate Babylonica«* diese rechtfertigungstheologische Kritik am mittelalterlichen Verständnis der Messe als eines Opfers noch einmal nachdrücklich unterstrichen. Das implizierte einen umfassenden Umbau der mittelalterlichen Messliturgie. Die Diskussion aber konzentrierte sich zunächst auf jenen Punkt, der schon die hussitische Bewegung stimuliert hatte: die Forderung nach der Gabe des Abendmahls unter beiderlei Gestalt. In einer Disputation forderte Karlstadt am 19. Juli 1521 nicht allein eine entsprechende Gestaltung des Abendmahls, sondern erklärte gar, wer nur das Brot empfange, sündige.[2] Hier zeigt sich schon ein Unterschied zwischen Karlstadt und Luther, der anfänglich noch wenig auffiel, längerfristig aber eine wesentliche Trennlinie markieren sollte: Karlstadt neigte bei seinen Reformansätzen nicht nur zu hoher Energie, sondern vor allem auch dazu, die Bibel unmittelbar in Handlungsanweisungen umzusetzen. Das Vertrauen in die Freiheit des Evangeliums trug bei ihm weniger weit als bei Luther. Mit dem Drängen auf konkrete Reformen blieb er aber nicht lange allein, sondern fand einen Verbündeten in Gabriel Zwilling (1487–1557), einem Ordensbruder Martin Luthers. Das Augustinerkloster wurde so zu einem zweiten Kraftzentrum der Wittenberger Reformen neben der Stadtkirche: Die Messe wurde eingestellt[3] und, offenbar zunehmend auch mit Zulauf von außerhalb des Klosters, das Abendmahl in Brot und Wein gespendet.[4] Zwilling war es auch, der in besonderer Weise gegen diejenige liturgische Form wetterte, in der sich der Opfercharakter des mittelalterlichen Eucharistieverständnisses besonders manifestierte: die Privatmessen, die ein Priester ohne Beteiligung der Gemeinde zelebrierte.

Über die lokalen Vorgänge hinaus gab es auch bereits jetzt das Bemühen, Reformen für ganz Sachsen zu erreichen, doch verweigerte sich Kurfürst Friedrich dem Anliegen. Er tat dies unter anderem mit dem Hinweis, dass ja nicht einmal in Wittenberg Einigkeit bestehe. In der Tat blieb hier der Dissens offenkundig und entlud sich mehr und mehr auch in demonstrativen Akten von Aggression: Am 3. Dezember 1521 drangen Studenten in die Stadtkirche ein und störten so die dort zelebrierten Privatmessen,[5] auch im Franziskanerkloster kam es zu Störungen. Wie brisant die Dinge aber waren, war noch nicht offenkundig: Luther kam in diesen Tagen nach Wittenberg und besah sich die Entwicklung – mit dem Ergebnis, es gehe alles gut voran. In der Woge des reformatorischen Eifers konnte Karlstadt dann am Weihnachtstag öffentlich in der Stadtkirche ein Abendmahl unter beiderlei Gestalt mit entschlackter Liturgie und in Alltagskleidern feiern. Die Reform schien zu einem ersten Ziel gelangt zu sein.

In gewisser Weise galt dies auch für einen anderen wichtigen Aspekt der Agitation Karlstadts: den Protest gegen die religiös bedingten sozialen Sonderformen der Kleriker und der Mönche. Beide Gruppierungen stellten ein notorisches Ärgernis dar, und bereits im Juni 1521 kritisierte Karlstadt den ihnen auferlegten Zölibat,[6] und Zwilling schlug mit scharfen antiklerikal ausgerichteten Predigten in dieselbe Kerbe.[7] Wieder setzten diese pointierten Polemiken ungeahnte Kräfte frei: Im November 1521 traten 15 Brüder Luthers aus dem Orden der Augustinereremiten aus.[8] Menschen, die nach mittelalterlicher Auffassung den Weg besonderer Frömmigkeit gewählt hatten, wurden nun zu Handwerkern und Ehemännern. Dass solche Entwicklungen nicht ohne Schwierigkeiten vonstatten gingen, zeigte sich spätestens, als einige Zeit danach auch Frauen ihre Klöster verließen, aber keineswegs sofort einen klaren sozialen Ort fanden. Kaum weniger spektakulär waren die Eheschließungen von Priestern, die, zunächst außerhalb Wittenbergs, erfolgten. Zum spektakulärsten Fall wurde die Heirat von Bartholomäus Bernhardi, Propst in Kemberg bei Wittenberg, da Karlstadt diese zum Gegenstand einer »Apologia« machte, die er im August 1521 an Albrecht von Mainz schickte und wohl Ende des Jahres veröffentlichte.[9] Zwar war der Zölibat (die Verpflichtung des Priesters zur Enthaltung von der Ehe) erst relativ spät – vom Reformpapsttum des 11. Jahrhunderts – verbindlich durchgesetzt worden, aber mit ihm so demonstrativ zu brechen, bedeutete, jene Sozialform zu sprengen, die bislang die Besonderheit des Klerikerstandes geprägt hatte. Die Forderung, dass ein Konzil den Zwangszölibat für Priester aufheben solle, war schon in der Adelsschrift zu lesen. Nun wurde einer solchen Entscheidung vorgegriffen, und auch führende Köpfe der Reformation beteiligten sich, wiederum allen voran Andreas Karlstadt, der am 19. Januar 1522 heiratete.

Innerhalb kürzester Zeit waren damit Grundkoordinaten der mittelalterlichen Gesellschaft in Auflösung begriffen: Die Mönchsgelübde verloren ihre lebenslange Bindewirkung, der Priesterstand seine durch die Ehelosigkeit markierte Exklusivität. Hatte die Forderung nach dem allgemeinen Priestertum zunächst einmal vor allem den Appell an die politisch verantwortlichen Instanzen bedeutet, so wuchs ihm nun auf ganz andere Weise eine Plausibilität durch die soziale Umgestaltung zu. Die nach dem mittelal-

Cranach, Tafel »Die Zehn Gebote«
Der Zusammenhang von Religion und sozialer Verantwortung drückt sich schon in der Tafel mit den Zehn Geboten aus, die Cranach 1516 für den Wittenberger Rat erstellte.

terlichen Kirchenrecht bestimmende Einteilung in Kleriker (deren Unterscheidung von Mönchen sich schon weitgehend verwischt hatte) und Laien, verlor nun ihrerseits nicht nur die theologische Legitimation, sondern auch die adäquate Sozialgestalt. »Kleriker als Bürger« (Bernd Moeller)[10] – diese neue Konstellation zeichnete sich hier erstmals ab.

Bei diesen rasanten Änderungen äußerlich und innerlich mitzukommen, war nicht für alle Beteiligten leicht, erst recht nicht, wenn weitere ungewohnte Phänomene hinzutraten. Das war der Fall, als Ende 1521 der Tuchmacher Nikolaus Storch (gest. nach 1536) zusammen mit seinen Gefährten Thomas Drechsel und Markus Stübner nach Wittenberg kam und diese drei »Zwickauer Propheten« sich auf Visionen beriefen, die es ihnen ermöglichten, in die Zukunft zu schauen. Dass sie dabei die Kindertaufe ablehnten, passte ebenso gut in die aufgewühlte Zeit wie die unmittelbare Berufung auf den Heiligen Geist. Seit Luther im Papst den Antichrist identifiziert hatte, verstand er auch die eigene Zeit mehr und mehr als Endzeit – und für die letzten Tage war nach dem Propheten Joel mit einer Ausgießung des Geistes zu rechnen. Wo alles ins Wanken geriet und neue Kriterien noch nicht klar definiert waren, musste selbst ein so klarer Kopf wie Philipp Melanchthon ins Schlingern geraten. Besorgt schrieb er an den Kurfürsten über seine Erfahrungen mit den Zwickauer Propheten:

»Ich kann kaum sagen, wie stark mich das beeindruckt. Jedenfalls hindern mich gewichtige Gründe daran, sie unbeachtet zu lassen. Denn es gibt zahlreiche Hinweise dafür, dass sie von irgendwelchen Geistern ergriffen sind; aber dies kann nur Martin sicher beurteilen. Da deshalb jetzt das Evangelium und zugleich Ehre und Friede der Kirche auf dem Spiel stehen, muss man sich mit allen Mitteln bemühen, dass die Leute mit Martin zusammenkommen; denn auf ihn berufen sie sich.«[11]

Ohne Martin Luther schien nichts mehr klar – aber ebenso wenig war klar, wann diese lutherlose Zeit zu Ende gehen werde. So musste wenigstens die weltliche Obrigkeit dazu beitragen, für Ordnung zu sorgen.

Ehe dies in Wittenberg erfolgte, kam es aber zu einer weiteren Eskalation: Am 10. Januar 1522 entfernte Zwilling alle Altäre und sonstigen Bilder aus der Heilig-Geist-Kapelle, die dem Armenhospital zugeordnet war.[12] Mit einem Mal verschwand das äußere Antlitz dessen, was den alten Kult ausgemacht hatte. Doch war hiermit mehr verbunden als der Versuch, Privatmessen unmöglich zu machen. Die Bilder standen auch im Kontext der reichen Stiftungstradition des späten Mittelalters, vielfach als Teil einer Altarstiftung von Privatleuten oder Bruderschaften, damit an ihnen die Eucharistie für ihr Heil verrichtet werden konnte. Sie waren so konstitutiver Teil jener Frömmigkeitsübungen, die eigene Leistungen der Menschen – auch finanzieller Art – als Voraussetzung für das Heil betrachteten und denen die radikale reformatorische Verkündigung der Rechtfertigung allein aus Gnade und allein durch den Glauben diametral widersprach. Bilder zu entfernen, griff tief in das Gefüge aus Frömmigkeit und Ökonomie ein, das die auf Veräußerlichung ausgerichteten Stränge spätmittelalterlicher Mentalität prägte. Art und Ausmaß des Vorgehens schürten am kurfürstlichen Hof Befürchtungen, dass die Dinge außer Kontrolle geraten könnten, zumal man befürchten musste, dass die prekäre Situation sich auch reichsrechtlich negativ auswirken würde. Tatsächlich erließ das Nürnberger Reichsregiment am 20. Januar 1522 ein Mandat, das den Kurfürsten aufforderte, Neuerungen in der Religionssache unter hohe Strafe zu setzen und für die Zukunft zu verhindern.[13]

Der Wittenberger Rat hingegen hatte zu diesem Zeitpunkt schon den Gestaltungsraum erkannt und auszufüllen begonnen, den die Unruhen ihm boten. Die auch religiös motivierte soziale Verantwortung war dem Wittenberger Rat sehr bewusst – das zeigt nicht zuletzt jene Tafel mit den Zehn Geboten, die die Werkstatt Lucas Cranachs 1516 für das Wittenberger Rathaus verfertigt hatte. Nun sah der Rat sich durch die stürmischen Entwicklungen selbst in die Pflicht genommen. In gemeinsamer Beratung mit Karlstadt, aber auch mit Melanchthon, Nikolaus von Amsdorff (1483–1565) und dem juristisch geschulten Theologieprofessor Justus Jonas (1483–1555) wurde eine Ordnung erarbeitet, die der Rat offiziell am 24. Januar erließ. Zentrales Ordnungsinstrument wurde hier der »Gemeine Kasten«, eine Art von Sozialkasse.

Die Wittenberger Ordnung sah für diesen vielfältige Funktionen vor, unter denen die Armenfürsorge hervorragte. Insbesondere wurden hier Waisen genannt, aber auch Personen, die – etwa durch Unfälle – arbeitsunfähig geworden waren. Neben der Unterstützung Bedürftiger, die die neuzeitliche kommunale Fürsorge vorwegnimmt, spielte auch ein Ord-

»Gemeiner Kasten«
Der »Gemeine Kasten« wurde zum wichtigsten Instrument reformatorischer Sozialgestaltung.

nungsaspekt eine gewichtige Rolle: Die Betonung, dass unter den Waisen besonders die Mädchen unterstützt werden sollen, steht in deutlich erkennbarem Zusammenhang mit Regelungen, die Unzucht unterbinden sollten. Der Prostitution als Ärgernis sollte durch ein gesichertes Sozialsystem ebenso die Grundlage entzogen werden wie dem verbreiteten Betteln, dessen verschiedene Formen untersagt wurden. Hatte im mittelalterlichen Normsystem die individuelle Unterstützung eines Bettlers als gutes Werk dem eigenen Heil dienen können, so wurden eben diese Leistungen nun kommunalisiert und damit in die Verantwortung von Rat und Bürgern genommen. Das geschah nicht nur durch unmittelbare Alimentation, sondern auch durch Schutz vor übergriffigem Finanzgebaren: In Not geratene Handwerker wie auch generell Bürger, die unter Zinslasten erdrückt wurden, erhielten Kredite zu gesicherten Konditionen.

Das Interesse am gemeinsamen Nutzen war so wenig neu wie das städtische Bemühen um Zucht und Ordnung – die Ereignisse in Wittenberg aber gaben die finanzielle Grundlage, diese Anliegen umzusetzen. Denn die Haupteinnahme des Gemeinen Kastens beruhte auf einer sozialen Umfunktionierung religiös motivierter Finanzmittel: Der erste Satz der Ordnung regelte, dass in ihn »all zins der gotzheueser, all Priesterschafften, vnd alle zins der gewercken«[14] eingelegt werden sollten. Das bedeutete einen tiefen Eingriff in den ökonomischen Transfer und letztlich eine direkte, von der Wittenberger Bevölkerung aber offenbar weitgehend getragene Umleitung der durch Frömmigkeit bestimmten Finanzströme. Auf die mit solchen Eingriffen verbundenen Schwierigkeiten weist der Vorbehalt bei einer weiteren Regelung hin: Ebenfalls sollten die priesterlichen Pfründe, die bislang zum Lebensunterhalt der Priester gedient hatten, in den Kasten eingehen – freilich, wie der Rat wohlweislich regelte, nicht sofort und unmittelbar, sondern jeweils mit dem Freiwerden durch den Tod eines Priesters. Auch wenn die »Wittenberger Unruhen« innerhalb der Reformationsgeschichte eine Episode blieben: Diese Ordnung hat modellhaft erprobt, wie die Transformationen der spätmittelalterlichen Frömmigkeit, die die theologische Neuorientierung Luthers ausgelöst hatte, sich in Sozialgestaltung umsetzen konnten. Der »Gemeine Kasten« wurde immer wieder zur zentralen Einrichtung reformatorisch gesinnter Kommunen, insbesondere nachdem Martin Luther 1523 für die Stadt Leisnig in Sachsen eine Kastenordnung erstellt hatte, die in detaillierten Regelungen Verteilung und verantwortliche Aufsicht ordnete.

Diese sozialen Regelungen hingen mit denen für Kirchenraum und Liturgie eng zusammen: Die Bilder sollten – bis auf drei bildlose Altäre in jeder Kirche – entfernt werden. Zwilling wurde also in gewisser Weise im Nachhinein recht gegeben, auch wenn juristisch ein gewaltiger Unterschied zwischen dem von ihm initiierten Bildersturm und der rechtlich geordneten Bilderentfernung, wie sie der Wittenberger Rat vorsah, bestand. Zudem sollte die Messe nun »nit anderst gehalten werden, dann wie sy Christus am abentessen hat eingesetzt«[15] – das heißt, sie sollte erheblich entschlackt, vor allem um den Kanon reduziert werden, in dem die mittelalterliche Liturgie zahlreiche Stücke vorsah, die die Messe als Opfer deuteten. Als besäße eine Stadt, noch dazu eine landsässige (das heißt einem Landesherrn untergeordnete) Kommune, das Recht, die Form des Gottesdienstes zu bestimmen – dies kam mittelalterlich nur dem Bischof zu –, so verfügte der Wittenberger Rat hier tiefgreifende Änderungen, die in der Zulassung der Gemeinde zum Abendmahl unter beiderlei Gestalt gipfelten. Was Karlstadt und Zwilling stürmisch begonnen hatten, war hier, unter Mitwirkung der anderen in Wittenberg verbliebenen Reformatoren, in Rechtsform gegossen.

Doch der Rechtsform fehlte jener Rahmen, der ihr Plausibilität im spätmittelalterlichen Rechtsgefüge verschafft hätte. Auf Friedrich den Weisen kam immer unausweichlicher die Notwendigkeit zum Einschreiten zu – doch handelte nun in eigenartiger Vollmacht Martin Luther!

Versuche des Hofes, ihn zum Bleiben im Versteck zu bewegen, ignorierte er bewusst, und die Sorgen des Kurfürsten, die ihm übermittelt worden waren, wies er in einem Schreiben an Friedrich schlankweg und schonungslos ab:

»Solchs sei E.K.F.G.[16] geschrieben der Meinung, daß E.K.F.G. wisse, ich komme gen Wittenberg in gar viel einem höhern Schutz denn des Kurfürsten. Ich hab's auch nicht im Sinn, von E.K.F.G. Schutz begehren. Ja ich halt, ich wolle E.K.F.G. mehr schützen, denn sie mich schützen könnte. Dazu, wenn ich wüßte, daß mich E.K.F.G. könnte und wollt schützen, so wollt ich nicht kommen. Dieser Sachen soll noch kann kein Schwert raten oder helfen, Gott muß hie allein schaffen, ohn alles menschlich Sorgen und Zutun. Darumb: wer am meisten gläubt, der wird hie am meisten schützen. Dieweil ich denn nu spür, daß E.K.F.G. noch gar schwach ist im Glauben, kann ich keinerlei wege E.K.F.G. fur den Mann ansehen, der mich schützen oder retten könnte.«[17]

Der politische Schutz zählte nicht in einer Sache, die Luther ganz als die Sache Gottes ansah. Und doch hat er durch dieses so scheinbar unpolitische Verhalten für die Reformation eben jenen Schutzraum wieder hergestellt, der durch die sich überstürzenden Ereignisse verloren zu gehen drohte. Es war sein Charisma und sein abgewogenes Urteil, das die Wogen glättete, und der Mann wurde dabei selbst zur Botschaft. Obwohl er mittlerweile in einer auf der Wartburg verfassten Schrift über die Mönchsgelübde selbst deren Legitimität bestritten hatte,[18] ließ er sich noch einmal die Tonsur scheren. Aus dem Junker Jörg wurde wieder jener Mönch, den man aus der Zeit vor Worms und der Wartburg kannte. So demonstrierte er, dass die Freiheit des Evangeliums nicht zum Zwang werden durfte, alle Bindungen aufzugeben. Was das bedeutete, machte er in einer Reihe von Predigten deutlich, die er am 9. März 1522, dem Sonntag Invokavit, begann. Der Grundtenor bejahte die vollzogenen Änderungen der Sache nach, verwarf aber den Verpflichtungscharakter, den die neuen Regelungen nun mit einem Mal haben sollten. So sollte nach seinen Worten durchaus die Messe abgeschafft werden, aber nicht einfach zwangsweise, sondern Hauptaufgabe war es, gegen sie zu predigen. Vor allem sollte niemand gezwungen werden, das Abendmahl unter beiderlei Gestalt einzunehmen – sosehr dieser Brauch der Sache nach richtig sei. Auch Gelübde seien – das entsprach ja seinen bisherigen Schriften – frei. Mit ihnen umzugehen oblag also dem einzelnen

Cranach, Luther als Mönch (1520)

Auch 1522 stieg Luther wieder als Mönch kenntlich auf die Kanzel.

Lucas Cranach, »Gesetz und Evangelium«
Die Reformation setzte ihre Anliegen auch bildlich um, wie hier in der Darstellung von Gesetz und Evangelium.

Gewissen. Am deutlichsten markierte Luther einen Unterschied zu den Reformmaßnahmen an einem Punkt, der dauerhaft die Reformation Wittenberger Typs prägen sollte: Auch das alttestamentliche Bilderverbot untersage nicht generell Bilder, sondern nur ihre Verehrung. So konnten vielfach ältere Bilder in Kirchen der Wittenberger Reformation erhalten bleiben,[19] und langfristig konnte Lucas Cranach auch eigene reformatorische Bildtypen schaffen, die die Reformation nicht nur propagandistisch unterstützen, sondern ihre Lehre positiv bildnerisch gestalteten. Der berühmteste Typ sollte die Darstellung von Gesetz und Evangelium werden, mit deren Bildprogramm Cranach um 1529, wohl in Anlehnung an ein Vorbild aus humanistischem Umfeld,[20] in einem mehrfach ausgeführten und variierten Grundtypus die evangelische Botschaft sichtbar machte: Das Gegenüber von der Last des Gesetzes, durch das der Mensch sich vergeblich selbst zu erlösen sucht und doch nur den Tod findet, und der Freiheit des Evangeliums, durch das dem Menschen die Gnade geschenkt wird, wurde so augenfällig und für die Gemeinde über Predigt und gedruckte Schriften hinaus nachvollziehbar.

Drängender freilich war zunächst, das Problem der Messe zu lösen, nachdem Luther schlagartig eine Beruhigung bewirkt hatte, zu der auch beitrug, dass Karlstadt durch universitäre Zensur weitgehend kaltgestellt wurde. Sukzessive wurden insbesondere die opfertheologischen Stücke der Liturgie entfernt, und im Jahre 1525 konnte in Wittenberg dann nach einer von Luther vorgelegten Ordnung eine Deutsche Messe gefeiert werden. Ausdrücklich sollte diese Ordnung nur für Wittenberg[21] gelten – aber es war unzweifelhaft, dass hier ein Modell geschaffen worden war, an dem sich weitere Reformen orientieren konnten, und im Jahr 1526 wurde sie in Sachsen ganz eingeführt.

Der Beginn der Reformation in Zürich

Der Sonntag Invokavit des Jahres 1522 war nicht nur in Wittenberg denkwürdig: Am selben Tag trafen sich in der Offizin des Buchdruckers Christoph Froschauer (1490–1564) in Zürich etwa zehn bis zwölf Personen, unter ihnen auch der Leutpriester Huldrych Zwingli. Sie aßen die traditionellen Zürcher Fastenküchli, die aus Hefe ohne Eier gebacken waren, und dazu wurde jedem – außer Zwingli – ein kleines Stückchen Rauchwurst gegeben. Das wäre kein besonders bemerkenswertes Essen gewesen, hätte nicht am Mittwoch zuvor die Fastenzeit begonnen, in der Fleischgenuss verboten war. Das ist auch der Grund dafür, dass Zwingli selbst sich an dem Essen nicht beteiligte – als Priester stand er in besonderer Verpflichtung. Seine Anwesenheit war gleichwohl Signal dafür, dass er dieses kirchenrechtliche Vergehen billigte. Letztlich ging es – wie auch andere Durchbrechungen der Fastenvorschriften in diesen Tagen in Zürich – auf seine Evangeliumspredigt zurück. Entsprechend hat er den Fastenbruch auch im Nachhinein begründet und legitimiert. Am 23. März 1522 hielt er eine Predigt über das Fasten, deren überarbeitete Fassung nach Ostern 1522 eben bei jenem Drucker Christoph Froschauer erschien, dessen Haus Ort des Fastenbruchs gewesen war. Zwei Jahre nach Luthers großen reformatorischen Schriften begegnen hier Schlüsselworte wieder, die man vom Wittenberger Reformator kennt: Zwingli beruft sich wiederholt auf die Freiheit des Evangeliums, und wenig später erscheint in der Schrift »Von Klarheit und Gewissheit des Wortes Gottes« auch der Gedanke des allgemeinen Priestertums:

»Dagegen vertritt Petrus die Meinung, dass alle Christen durch ihren Herrn Jesus Christus zu königlicher Würde und Priesterschaft erwählt seien. Denn sie brauchen keinen vermittelnden Priester mehr, der für sie opfert. Ist doch jeder für sich selbst ein Priester, der geistliche Opfer bringen, also sich selbst ganz und gar Gott darbringen soll.«[22]

Die publizistische Front war geschlossen: Die Freiheit der priesterlichen Glaubenden gegen die unterdrückende alte Kirche, so hörte man es nun in Zürich wie in Wittenberg. Und doch wäre es verkürzt, Zwingli einfach in Abhängigkeit von Luther zu sehen. Er selbst hat in einem von ihm mitgestalteten Holzschnitt Luther als einen Bäcker dargestellt, der das von Erasmus bereitete Mehl verarbeitete, also die Bedeutung Luthers nicht verhehlt und den Wittenberger Reformator doch in eine längere Ahnenreihe eingeordnet. Das Phänomen der Reformation hat einen seiner Gründe gerade darin, dass die Abgrenzungen von der alten Kirche im Namen evangelischer Freiheit aus unterschiedlichen Wurzeln und auf unterschiedlichen Wegen entstehen konnten. Signifikant für die tiefgreifenden Unterschiede zwischen beiden Reformatoren ist Zwinglis Argumentation für die Möglichkeit des Fastenbruchs: Wo bei Luther die Botschaft von der Rechtfertigung allein aus Gnade und allein durch den Glauben zum immer wiederkehrenden Kernelement jeder theologischen Botschaft geworden war, argumentierte Zwingli stärker auf der tief in seiner spätmittelalterlichen Prägung (s. o.) wurzelnden Linie der Unterscheidung von Gott und Mensch, die nun in der Unterscheidung von Gotteswort und Menschenwort konkret wurde. Biblischer Leitvers seiner Argumentation war 5. Mose 4,2: »Ihr sollt nichts dazutun zu dem, was ich euch gebiete, und sollt auch nichts davontun, auf dass ihr bewahrt die Gebote des Herrn, eures Gottes, die ich euch gebiete.«[23] Während Luther von der Heilsfrage aus argumentierte, war Grundlage der Überlegungen und schließlich der gesamten theologischen Begründung der Reformation bei Zwingli stets der Bezug auf die alleinige Verbindlichkeit des Gotteswortes, mithin ein stärker formaler Ansatz.

Das Schriftprinzip, das Zwingli hier vertrat, hatte er etwa zeitgleich mit den Wittenbergern entwickelt und strikt gehandhabt. Konrad Hoffmann (1454–1525), Zürcher Chorherr und Gegner Zwinglis, warf ihm in einer Anklageschrift vor, er habe behauptet, »er predigote und larte uss den ursprünglichen brunnen, und die andern uss den runslinen und pfitzlinen«,[24] den Rinnsalen und Pfützen. Wie in Wittenberg hatte dies sehr konkrete Folgerungen: Er polemisierte gegen Rom als die Hure Babylon, er kritisierte Heiligendienst, auch das Rosenkranzgebet, und

PORTRAIT ZWINGLIS
Huldrych Zwingli, der Reformator Zürichs. Gemälde von Hans Asper, 1549.

Stadtplan von Zürich, Murerplan
Im überschaubaren städtischen Rahmen Zürichs gestaltete Reformation sich anders als im Kurfürstentum Sachsen.

verurteilte den Ablass. Vielfach griff er auch antiklerikale Überzeugungen auf, wenn er den Sittenverfall der Geistlichen kritisierte – obwohl er selbst einer der Ihren war, nahm er die Kleriker aufs Korn und bemühte sich zugleich um eine Reinigung des Glaubens im Sinne eines Bezuges auf allein das, was die Schrift lehrte.

Zu diesen Auffassungen war Zwingli auf anderen Wegen als Luther gekommen, geprägt durch den Scotismus und den Humanismus. Dennoch konnte er mit noch viel größerem Recht als etwa ein Ulrich von Hutten zu der Überzeugung gelangen, dass seine Lehren mit denen Luthers konvergierten. Den Gipfel dieser Übereinstimmung erreichten die Reformatoren in den Jahren 1520 bis 1522. Luther kam dabei durch die öffentliche Aufmerksamkeit, die sich auf ihn gerichtete hatte, vor allem aber durch sein unerschrockenes Auftreten für den Zürcher die Funktion eines Katalysators zu, der Mut machte. Die Dynamik, die sich in Zürich bald entwickelte, wäre ohne das vorherige Wirken Luthers schwer denkbar, sosehr Zwingli später immer wieder zu Recht auf seine Eigenständigkeit gepocht hat. Letztlich war es auch diese Eigenständigkeit, die die beiden Reformatoren wenige Jahre später in einen herben Konflikt stürzen sollte.

Der Unterschied zwischen Zwingli und Luther liegt freilich nicht nur in unterschiedlichen theologischen Wurzeln – und unterschiedlichem Naturell –, sondern auch in unterschiedlichen Wirkungskreisen: Luther war zunächst und vor allem auf die Universität bezogen, später dann auf das Territorium Sachsen, Zwingli hingegen als Leutpriester auf eine für die Zeit zwar bedeutende, letztlich aber überschaubare Stadt Zürich. Das machte die Wege und Entscheidungsprozesse kürzer. So kam es schon kurz nach dem Eklat um das Fasten zu einem Eingreifen des Rates, präziser gesagt, zu einem Eingreifen des Rates, das über das bloße Einschärfen der alten Regelungen hinausging und einen Ansatz der Bereitschaft zur Neuerung zeigte. Konkreter Anlass war eine gezielte Provokation Zwinglis selbst: Als der Franziskaner Franz Lambert von Avignon im Zürcher Fraumünster – auf dem dem Großmünster gegenüberliegenden Ufer der Limmat – über die Fürbitte Mariens und der Heiligen predigte, unterbrach Zwingli ihn lauthals: »bruoder, da irrest du!«[25] Das sah Lambert selbst anders – und der Rat zog die Entscheidung an sich. Tatsächlich liegt in diesem Geschehen die Wurzel für das, was Bernd Moeller etwas emphatisch als Zwinglis »Erfindung« charakterisiert hat.[26] Die Form der Disputation, die eigentlich in den akademischen Raum gehörte und hier vorwiegend der Qualifikation des wissenschaftlichen Nachwuchses diente, aber auch – wie im Falle der Heidelberger und der Leipziger Disputation – der Klärung aktueller strittiger Fragen, wurde nun von einer alles andere als akademischen Instanz, nämlich dem städtischen Rat, anberaumt. Mit Hilfe einer solchen Debatte zwischen Zwingli und den Lesemeistern der Bettelorden in Zürich wollte der Rat eine Entscheidung in der strittigen Angelegenheit finden. Da es um die Legitimität von Predigt ging, handelte es sich um eine Sachfrage, die keineswegs in seiner juristischen Kompetenz lag, sondern dem Bischof zugestanden hätte – ganz ähnlich wie Anfang des Jahres in Wittenberg gerieten die üblichen Instanzenwege ins Wanken. Der Rat entschied sich, nachdem er beide Seiten angehört hatte, ganz offenkundig für Zwingli. Bernard Wyss (gest. 1531) berichtete später, der Ratsabschied habe gelautet:

»Ja, ir herren von örden, das ist miner herren meinung, daß ir söllend nun fürohin predigen das heilig evangelium, den heiligen Paulum und die propheten, daß die heilige gschrift ist, und lassend den Scotum und Thomam und söllich ding ligen.«[27]

Sola scriptura: Zwinglis Predigtweise wurde damit in Zürich nicht nur offiziell anerkannt, sondern geradezu angeordnet. Die Disputation hatte der reformatorischen Predigt zum Durchbruch verholfen. Heiko Augustinus Oberman hat zu

Recht darauf verwiesen,[28] dass die zeitgenössische Chronistik in diesem Ereignis den entscheidenden Akt in Zürich sah und nicht in dem Geschehen, das dessen ungeachtet als »Erste Zürcher Disputation« in die Geschichtsbücher eingegangen ist.

Dieses Ereignis am 29. Januar 1523 hatte im Verlauf offenbar eine doppelte Aufgabe: Es diente der Inszenierung der neuen Machtbefugnisse in kirchlichen Belangen, gerade auch gegenüber dem nach mittelalterlichem Kirchenrecht zuständigen Bischof, und der umfassenden Präsentation von Zwinglis Programm. Es wäre dabei verkürzt, wollte man Zwingli als alles entscheidenden Hauptakteur des Geschehens verstehen. Im Vorfeld wusste er nicht einmal genau, wann die Disputation stattfinden sollte – der Rat ließ sich das Heft des Handelns nicht aus der Hand

Fraumünster Zürich
Das Zürcher Fraumünster wurde Ort einer Provokation Zwinglis selbst gegen den Franziskaner Franz Lambert von Avignon.

nehmen. Und er gab Zwingli auch nicht die Möglichkeit, selbst der Disputation wie ein mittelalterlicher Magister vorzusitzen. Die Entscheidungsfunktion lag – und gerade das machte wie schon bei dem ersten Ereignis dieser Art ja das Brisante aus – beim Rat, der in seinem Ausschreiben eine Anhörung beider Parteien ankündigte. Doch nicht nur Zwingli wurde damit eine Grenze gesetzt, sondern auch und erst recht dem Konstanzer Bischof. Er, der nach mittelalterlichem Recht über die rechte Lehre in seiner Diözese zu entscheiden hatte, erhielt lediglich eine Einladung zur Teilnahme, mit dem Angebot, gegebenenfalls einen Vertreter zu schicken.[29] Das Dilemma für den Bischof war erheblich: Sollte er durch eine irgendwie geartete Präsenz Einfluss auf das Geschehen nehmen oder sollte er versuchen, die ganze Sache zu unterbinden oder – da dies tatsächlich schwer realisierbar schien – einfach zu ignorieren? Der Bischof entschied sich für eine denkbar ungünstige Variante: Er schickte seinen Generalvikar Johannes Fabri (1478–1541), der aber als einzige Aufgabe hatte, die Legitimität der Disputation zu bestreiten und auf ein künftiges Konzil zu verweisen. So eingeschnürt, kam es nicht zu einer rechten Debatte, und schon nach kurzer Zeit erklärte der Rat die Disputation für beendet. Niemand habe Zwingli der Häresie überführt, so dürfe er weiter frei predigen, solle freilich auch seinerseits jede Schmähung der Gegner vermeiden.[30] Der Rat hatte nicht nur die Aufgabe, die Reformation voranzutreiben, sondern auch, den städtischen Frieden zu sichern und Zürich vor äußerer Bedrohung zu bewahren: Dass eine Nähe zur reformatorischen Bewegung gefährlich war, wurde spätestens mit dem Wormser Edikt deutlich.

Zwingli selbst gab das Ereignis die Gelegenheit zur umfassenden Präsentation seiner Theologie: In den 67 »Schlussreden« (Schlussfolgerungen) legte er dar, worum es ihm ging. Grundlegend stellten die ersten Thesen die Alleinigkeit der Schrift und Jesu Christi als Offenbarer und Heilsweg in den Mittelpunkt: »Darum sollen alle Christenmenschen ihren größten Fleiß daran setzen, dass allein das Evangelium Christi überall gepredigt werde.«[31] Die Folgerungen waren umfassend: Leitungsansprüche des Papstes wurden verneint, der Opfercharakter der Messe kritisiert, das Vertrauen in eigene Werke bestritten, die Fürbitte durch die Heiligen verworfen. Menschen sollten keine Feiertage festlegen, Orden sollten beseitigt, der Zwangszölibat aufgehoben werden. Großen Raum nahm die Verpflichtung auch der weltlichen Obrigkeit auf Gottes Willen ein: Die Kommune Zürich sollte ganz an der göttlichen Richtschnur orientiert werden, freilich in einem friedlichen Übergang. Ausdrücklich schärfte Zwingli ein, dass Priester, die den neuen Vorgaben nicht folgen wollten, nicht mit Gewalt beseitigt werden sollten – freilich nur für den Fall, dass sie sich so verhielten, dass Gewalt nicht nötig sein werde. Eine gewisse Drohung klang hier ebenso an wie auch weitere Themen. Der Reichtum der Geistlichen wurde nur sehr allgemein kritisiert – aber Zwingli bot zugleich eine weitere Disputation zur Frage des Zehnten an, und im folgenden Jahr hat er sich denn auch in einer Schrift, die auf die Anfänge des Bauernkriegs reagierte, unter dem bezeichnenden Titel »Wer Ursache gebe zu Aufruhr« scharf gegen die eigentlich Schuldigen gewandt – die verweltlichten Geistlichen und die habgierige Obrigkeit. Der Übergang zwischen theologischer Botschaft und sozialer Gestaltung war bei ihm direkter als in Wittenberg. Die Bahn für die Reformation war im Januar 1523 unverkennbar geebnet.

Freilich war noch kein vollständiger Durchbruch erreicht, und die folgenden Monate sind von einem Kräftespiel zwischen Reformator, Gemeinde und Rat geprägt. Vor allem zwei Fragen standen im Mittelpunkt der folgenden Auseinandersetzungen: Bilder und Messe. Die Beseitigung der Bilder war so lange unproblematisch, wie es die Stifter selbst waren, die die von ihnen zu frommen Zwecken finanzierten Werke aus den Kirchen entfernten. Als aber auch Übergriffe von anderen erfolgten, musste der Rat einschreiten, da hier fundamentale Rechtsfragen betroffen waren. Drängend wurde auch die Frage der Messe, deren Opfercharakter Zwingli schon in den 67 Schlussreden getadelt hatte. Nun kritisierte er ausführlich den opfertheologisch bestimmten *Canon missae* des mittelalterlichen Gottesdienstes. Die Reaktion des Rates auf beide Anliegen war formal ähnlich wie im Falle der sogenannten Ersten Disputation, doch im Ergebnis deutlich zurückhaltender: Die Zweite Disputation im Oktober 1523 bremste das Vorwärtsdrängen der reformatorischen Partei. Nach dem Ratsbeschluss vom 29. Oktober sollte sowohl in der Bilder- als auch in der Messfrage keine Änderung erfolgen. Gleichwohl sollte die evangelische Predigt weiter bestärkt werden. Durchaus vergleichbar zu den Vorgängen in Wittenberg bemühte sich der Rat also, keine zu hastigen Veränderungen vorzunehmen und die Konflikte so zu pazifizieren. Diese Strategie hatte allerdings keinen Erfolg, denn der Plausibilitätsverlust der alten Riten setzte sich fort: In der Bevölkerung wurden, so beschreibt es ein Zürcher Bürger für das folgende Jahr, Priester, die die Messe hielten, als »meß knecht« und »hergotz fresser«[32] geschmäht, und auch unter den Priestern selbst sank das Vertrauen in die eigenen Handlungen. Schon im Dezember 1523 weigerten sich Kapläne am Großmünster, die Messe zu lesen. Wieder musste der Rat eine Disputation einberufen, die dritte im Januar 1524, deren Hauptergebnis es war, dass die altgläubigen Gegner Zwinglis angehört wurden, der Rat aber ausdrücklich erklärte, es sei ihnen nicht gelungen, die evangelische Predigt zu widerlegen. Eine Entscheidung in den heiklen Fragen schob der Rat immer noch vor sich her. Erst im Juni 1524 beschloss er die Entfernung der Bilder, und zwar »mit Züchten«,[33] also auf geordnetem Wege, und mit der Aufhebung der Messe sollte er bis zum 12. April 1525 warten. Am folgenden Tag, dem seit Jahrhunderten als Tag der Herrenmahlsstiftung gefeierten Gründonnerstag, wurde erstmals das evangelische Abendmahl gefeiert. Zwingli gab dem bald eine eigene Ordnung, die »Action oder bruch des Nachtmahls«, und schon die äußere Gestalt, die er beschreibt, zeigt, wie stark die Abkehr vom mittelalterlichen Messgottesdienst ist: Statt der Feier auf dem Altar mit prachtvollem liturgischen Geschirr wird in Zürich ein einfacher Tisch gedeckt und das Abendmahl auf hölzernem Teller und mit hölzernem Becher gereicht. Laien brachten die Elemente zur Gemeinde – jeder brach sich ein Stück vom Brot ab und trank selbst vom Wein. Die Zelebration der Messe wurde zur Feier des gemeinsamen Mahls, dem Zwingli die Bedeutung des Bekenntnisses der Gemeinde gab.

Damit war sinnenfällig die Reformation in Zürich ans Ziel gelangt – aber sie war auch schon zerstritten. Den eigentlichen Grund hierfür stellten wohl Fragen dar, die am Rande schon in der Zweiten Disputation eine Rolle gespielt hatten, nämlich in welchem Maße die Obrigkeit bei der Gestaltung der Reformation mitwirken

Darstellung der Ersten Zürcher Disputation

Die »Erste Zürcher Disputation« zog Fragen der christlichen Wahrheit vor das Forum von Stadt und Rat.

dürfe. Diese Orientierung an einer stark gemeindlich getragenen raschen Reformation fasste zuerst in den Zürcher Landgemeinden Fuß, fand dann aber insbesondere in Konrad Grebel (1498–1527) und Felix Manz (1500–1527) Wortführer in der Stadt. Zu ihrem Symbol wurde als Zeichen des entschiedenen Bekenntnisses die Erwachsenentaufe. Der Taufe von Säuglingen, deren Bewusstseinsstand noch kein Bekenntnis erlaubte, sprachen sie die Gültigkeit ab, weswegen diese Gruppe auch nach ihrem eigenen Verständnis nicht als »Wiedertäufer« anzusprechen ist, sondern schlicht als »Täufer«. Die Fragen wurden immer akuter, konnten aber auch in einer Disputation im Januar 1525, die nun, anders als die vorherigen, nicht dem Konflikt mit der alten Kirche, sondern der innerevangelischen Auseinandersetzung gewidmet war, nicht geklärt werden. Gut eine Woche später, am 25. Januar 1525, kam es in Zürich zur ersten Erwachsenentaufe – und die Täufer bewegten sich damit außerhalb jeglichen Rechtsschutzes. Eine auch theologische Formierung ihrer gemeinsamen Anliegen erreichten sie freilich erst nach den weiteren politischen Ereignissen desselben Jahres, das auch den Bauernkrieg bringen sollte. In Schleitheim (b. Schaffhausen) kam es zu einer Versammlung der friedliebenden Täufer, die sich von Michael Sattler (1490–1527) formulierte Artikel als Grundlage ihres Bekenntnisses gab. Neben der Glaubendentaufe wurden durch diese Konsolidierung auch eine strenge Bußzucht und die Verweigerung des Eides zu markanten Kennzeichen der täuferischen Bewegung, die, anders als die Reformationen Wittenberger und Zürcher Typs, nicht in eine neue Großkirche eingingen.

Die Städte in der Reformation

Wittenberg und Zürich stehen exemplarisch für das, was in der Forschung seit langem mit dem Schlagwort zusammengefasst wird: die Reformation sei tatsächlich ein »urban event« (Arthur G. Dickens),[34] ein »städtisches Ereignis« gewesen. Angesichts der vielfältigen Bezüge auf die akademische Theologie, angesichts des monastischen Hintergrundes wesentlicher Beteiligter und der starken Bedeutung der territorialen Reformation wird man den Überschwang, mit dem dieses Konzept in der Zeit der Vorherrschaft sozialhistorischer Methoden vertreten wurde, sicher etwas dämpfen müssen. Aber der Kern bleibt davon unberührt: In der Tat konnte der publizistische Resonanzboden, den Luthers – und auch Zwinglis – Schriften gewannen, kaum ein anderer sein als die städtische Bevölkerung. Hier war nicht nur die Lesefähigkeit weit verbreitet, hier herrschten auch schon lange jene oben beschriebenen Dezentralisierungskräfte, mit denen die Städte sich von der bischöflichen Autorität freizumachen suchten. Hier war auch das Bedürfnis schon lange präsent, nicht nur die Messe zu zelebrieren – was vorwiegend hieß: zu schauen –, sondern auch das Evangelium in angemessener Weise zu hören und verständlich ausgelegt zu bekommen. Die Prädikanten, die oft auf Wunsch der Gemeinden an den städtischen Kirchen angestellt worden waren, waren nicht zufällig in vielen Fällen auch Träger der Reformation.

Dabei war die Möglichkeit, die Predigt in reale Umgestaltung zu überführen, je nach Stadttypus sehr unterschiedlich. Während Wittenberg als landsässige Stadt, noch dazu mit einem Schloss am Ort, in seinen Handlungsmöglichkeiten beschränkt war und hier ohne das beherzte Auftreten Luthers recht rasch mit einem Eingreifen des Kurfürsten zu rechnen gewesen wäre, konnten Reichsstädte[35] vergleichsweise frei agieren: Formal waren sie lediglich dem König untergeordnet, der aber in der Regel fernab des Geschehens war, so dass faktisch die Lenkung der Geschicke der Reichsstadt beim Rat lag. Je nach Verfassungsform hatten die traditionellen Patrizier oder die von Handwerkern bestimmten Zünfte hier stärkeren Einfluss. In beiden Fällen war der Rat einerseits nahe genug an den Bedürfnissen der Bevölkerung, um die Stimmung

rasch aufnehmen zu können, andererseits faktisch autonom genug, um Neuerungen auch durchsetzen zu können, auch wenn dies, wie das Beispiel Zürichs gezeigt hat, insbesondere beim Eingriff in Besitzrechte und liturgisches Recht nicht immer in den vorgegebenen Rechtsrahmen hineinpasste.

Dass die reformatorische Theologie über weite Strecken hin nicht im Gegensatz zu den Erwartungen spätmittelalterlicher Frömmigkeit stand, sondern vielmehr durch ihre normative Zentrierung in der Rechtfertigungslehre bzw. dem Schriftprinzip als Transformation des Bisherigen erscheinen konnte, lässt verstehen, wie rasante Umwälzungen in kürzester Zeit erfolgen konnten. Es erfolgte kein radikaler Bruch in der Mentalität, sondern vergleichbar mit dem Herausschälen einer Eigenständigkeit der Stadt in religiösen Fragen wurden hier Prozesse, die sich im späten Mittelalter abgezeichnet hatten, intensiviert – freilich, wenn man den gesamten Prozess der Reformation anschaut, in einem Maße, welches das mittelalterliche *Corpus christianum* zerbrechen ließ.

Äußeres Kennzeichen für die Durchführung der Reformation, die in vielen Fällen wie in Zürich durch eine Disputation vorbereitet wurde,[36] war in der Regel die Einführung des evangelischen Abendmahls, das freilich nicht immer sofort die Messe völlig verdrängen musste. So wurde in Straßburg schon am 3. Dezember 1523, zwei Tage nachdem der Rat die Predigt des Evangeliums angeordnet hatte, das Abendmahl unter beiderlei Gestalt gefeiert – abgeschafft wurde die Messe aber erst 1529. Mit seinen Reformatoren Wolfgang Capito (1487–1541), Martin Bucer – einst als Dominikaner Zeuge der Heidelberger Disputation –, Kaspar Hedio (1494–1552) und Matthäus Zell (1477–1548) wurde Straßburg, noch ehe dieser Schritt zur Reformation ganz vollzogen war, zu einem intellektuellen Zentrum der Reformation. Auch eine Frau erhob hier ihre Stimme für die Veränderungen: Katharina Zell, die in einer gelehrten Flugschrift ihre eigene Eheschließung mit dem Priester Matthäus Zell rechtfertigte. »Dafür, wie er sein Leben geführt hat, ehe ich seine Frau geworden bin, will ich keine Verantwortung übernehmen. Er hat sich eben verhalten, wie es Päpste und Bischöfe haben wollen, die die Ehe verbieten, die Gott gebietet, und die das Huren erlauben, das Gott verbietet. (...) Aber seit ich seine Frau geworden bin, da will ich für ihn eintreten und meine Ehre, Leib und Leben für ihn einsetzen, dass solche Lügner sich völlig ohne sein Verschulden und ohne Grund so gegen ihn wenden und Lügen über ihn ausbreiten«,[37] schrieb sie ausgesprochen selbstbewusst im September 1524 über ihren Ehegatten.

Straßburg teilt mit anderen Zentren im oberdeutschen Raum bestimmte reformatorische Charakteristika, deren Hintergrund die starke Betonung des Geistigen gegenüber dem Materiellen darstellte, wie sie, vermittelt durch die neuplatonische Philosophie, im humanistischen Denken verankert war. Diese Besonderheiten der oberdeutschen Reformation betrafen vor allem die schon in Zürich so heftig diskutierten Gesichtspunkte der Bilder und des Abendmahls. Während Luther in den Invokavitpredigten grundsätzlich ein positives Verständnis von Bildern entwickelt hatte, solange deren Inhalt und der Umgang mit ihnen nicht die Alleinigkeit Christi in Frage stellten, neigten die Reformatoren in den oberdeutschen Reichsstädten dazu, die Bilder – in der Regel auf geordnetem Wege – aus den gottesdienstlichen Räumen zu entfernen. Manchmal wurde die Gelegenheit sogar noch genutzt, um Geld zu machen. So ordnete der Memminger Rat an, das Gold von entsprechend verzierten Statuen abzukratzen und zu verkaufen.[38] Das Abendmahl wurde anders gefeiert und gedeutet als im Wittenberger Raum: Man neigte dazu, bei seiner Feier den Gedächtnis- und Symbolcharakter in den Vordergrund

STRASSBURG-STICH AUS DEM 16. JAHRHUNDERT

Straßburg wurde zu einem weiteren Zentrum der Reformation im oberdeutschen Raum.

PORTRAIT BUCERS

Der Straßburger Reformator Martin Bucer.

zu stellen – auch wenn erst der weiter unten zu schildernde Abendmahlsstreit diese Differenz zu der an Luther orientierten Richtung der Reformation offenlegte.

Ritterfehde und Bauernkrieg

Nicht allein das städtische Bürgertum sog die neue Theologie begierig auf. Auch und gerade der Adel hatte ja zu den allerersten Adressaten von Luthers Reformation gehört, und eben jener Franz von Sickingen, der Ulrich von Hutten bei sich aufgenommen hatte, griff die Botschaft gerne auf. Sein Herrschaftsgebiet wurde für Theologen im Umfeld der Reformation – etwa Martin Bucer und Johannes Oekolampad, den späteren Reformator von Basel – zur Zufluchtsstätte. Schon 1522 wurde hier in deutscher Sprache Gottesdienst gefeiert. Die deutlich erkennbare Anhängerschaft an die reformatorischen Überzeugungen aber verband sich mit dem Gespür, die Gelegenheit zu ergreifen, um lang gehegte Anliegen umzusetzen. War es in den Städten vor allem der kirchenrechtliche Zugriff der Bischöfe, von dem sie sich freikämpften, so hatte Sickingen einen anderen Aspekt der mittelalterlichen Bischofsverfassung im Auge: Seit dem frühen Mittelalter waren die Bischöfe durch die Übertragung von Herrschaftsrechten in den Fürstenstand aufgestiegen, die Erzbischöfe von Köln, Mainz und Trier als Kurfürsten gar in den mächtigsten Kreis der Reichsfürsten. Einer der besonders anrüchigen Repräsentanten solcher Herrschaft residierte in unmittelbarer Nachbarschaft zu Sickingen: der Trierer Erzbischof Richard von Greiffenclau (1467–1531). Sickingen sagte ihm nun im Namen des Evangeliums den Kampf an, das geistliche Fürstentum sollte gesprengt werden.

Bei aller Kritik an den Bischöfen waren solche kriegerischen Aktionen nicht im Sinne Luthers und der reformatorischen Theologie – und es ist ebenso offenkundig, dass das Eigeninteresse Sickingens in diesem Falle nicht gering war. Noch ehe er mit den reformatorischen Gedanken in Berührung gekommen war, hatte er sich als Raubritter einen Namen gemacht, der rund um seine Ebernburg ein beachtliches Territorium auf Kosten benachbarter Herrschaftsträger zusammengebracht hatte. Schon von einer gewaltsamen Umsetzung der Reformation zu sprechen, würde die Ambivalenz dieses Geschehens unterschätzen, ebenso, wie es schwierig wäre, die unruhige Zeit der Reformation zu verstehen, ohne sich dieses Phänomen zu vergegenwärtigen. Eigene Interessen und Begeisterung für die Reformation flossen zu einer gewaltsamen Aktion zusammen, an der durchaus eine beachtliche Anzahl weiterer oberdeutscher Adeliger teilnahmen. Militärisch scheiterte Sickingen allerdings: Die Belagerung Triers musste abgebrochen werden; er selbst wurde von Trier, Pfalz und Hessen gemeinsam zur Kapitulation gezwungen und starb auf seiner Burg Nannstein an einer Verwundung, die er sich im Kampf gegen seine Belagerer zugezogen hatte. Mit dem Ende seines Kampfes verbindet sich auch das Ende Huttens, der die Fehde gegen Trier enthusiastisch begrüßt hatte: Als sich im Herbst 1522 der Niedergang Sickingens abzeichnete, floh Hutten in die Schweiz. Zwingli war es, der ihm auf einer Insel im Zürchersee Zuflucht bot, doch konnte der Arzt, in dessen Hände Hutten sich dort begab, eine fortgeschrittene Krankheit nicht mehr aufhalten. Er starb 1523.

Nicht nur diese ritterliche Fehde stellte einen Seitenzweig der raschen Entwicklungen dar, der bald zum Erliegen kam, auch in anderer Hinsicht hat Franz Lau durchaus treffend von einem »Wildwuchs der Reformation«[39] gesprochen. Blickt man auf diese Metapher nicht mit den besorgten Augen eines um die Einheitlichkeit der eigenen Konfession besorgten Hobbygärtners, sondern mit einer gewissen Freude an der subversiven Kraft der reformatorischen Bewegung, so passt sie sehr gut, um die vielfältigen Entwicklungen, die in den frühen zwanziger Jahren noch möglich schienen, zu beschreiben. Die Reformation war, bei aller Bedeutung Luthers und

Portrait Johanns von Sachsen (des Beständigen)
Ab 1513 war Johann, der Bruder von Kurfürst Friedrich, im Rahmen der Mutschierung für einen Teil Sachsens verantwortlich.

Zwinglis, keine von Anfang an auf ein oder zwei Zentren bezogene Ereigniskette, sondern sie entstand in einer Fülle von Epizentren, die erst nach und nach Einheitlichkeit gewannen.

Besonders bewegt war neben dem von Reichsstädten durchsetzten Südwesten naheliegenderweise der sächsische Raum, wo eine spezifische Reigerungskonstellation die Entwick-

ANDREAS KARLSTADT, HOLZSCHNITT

Kollege und Gegner Luthers: Andreas Karlstadt.

lung noch begünstigte: Die Herrschaft im ernestinischen Kurfürstentum Sachsen war seit 1513 »mutschiert«. Das bedeutet, dass zwar die gemeinsame Regierung und Verantwortung nach außen durch Kurfürst Friedrich den Weisen aufrecht erhalten blieb. Nach innen aber war das Gebiet aufgeteilt, und Friedrichs Bruder, der spätere Kurfürst Johann der Beständige (1525–1532), herrschte mit weitgehenden Kompetenzen von Weimar aus über einen großen Teil Sachsens. Freier im Blick auf die Reichspolitik und wohl auch angestoßen durch seinen Hofprediger Wolfgang Stein (gest. vor 1553), der sich früh der Reformation zuwandte, zeigte Johann große Offenheit für die reformatorische Entwicklung. Ob dies Ursache dafür war, dass sich nun gerade in dem ihm zugefallenen Gebiet besonders rege Reformationstätigkeit, auch in Abweichung von der Wittenberger Hauptlinie entwickelte, lässt sich nicht genauer bestimmen. Jedenfalls bleibt es auffällig, dass sich in Orlamünde und Allstedt zwei Zentren der Entwicklung herauskristallisierten, deren eines, Orlamünde, unmittelbar auf dem Johann 1513 zugefallenen Gebiet lag, deren anderes, Allstedt, sogar noch komplexer und unklarer in seiner Zuordnung war: Eigentlich zu Friedrichs Gebiet gehörig, entglitt diese Enklave zunehmend der Wittenberger Verwaltung, und in immer mehr Bereichen wurde Johanns Hof in Weimar zuständig. So sind die Entwicklungen von »Wildwuchs«, die sich hier zeigten, auch als Ausdruck der unzureichenden Verdichtung des sächsischen Territoriums am Übergang zur Frühen Neuzeit zu sehen.

In Orlamünde wirkte ab 1523 Andreas Karlstadt. In Wittenberg hatte ihm die Situation nach Luthers Rückkehr kaum noch Gestaltungsräume gegeben, und er hatte unter dem Einfluss mystischer Theologie eine immer größere Distanz zum akademischen Betrieb entwickelt. Nun nutzte er die spätmittelalterliche Rechtskonstruktion, nach der seine Professur in Wittenberg durch eine Pfründe weitab – eben in Orlamünde – finanziert war, in der faktisch an seiner Stelle ein Konventor namens Konrad Glitzsch (gest. vor 1541) wirkte. In einer rechtlich umstrittenen Form nahm Karlstadt die Pfründe selbst ein und wirkte hier von nun an als »Nachbar Andres«, der sich selbst um seinen Lebensunterhalt kümmerte und Gleicher unter Gleichen war. Der scheinbare Rückzug aber hatte durchaus aggressive Anteile, denn Karlstadt baute nun rund um Orlamünde ein Netz alternativer Reformationstätigkeit auf: Nicht nur, dass verschiedene Pfarrer gleicher Gesinnung im Raum tätig wurden – Martin Reinhard in Jena oder etwa Johann Wolfram in Kahla –, sondern mit Michael Buchführer (gest. 1577) verlagerte auch ein ihm wohlgesinnter Drucker seine Offizin nach Jena. Von hier aus konnte er seine Werke weiter in den Druck geben, die in Wittenberg strenger Zensur unterstanden. Luthers entscheidendes Medium, die Flugschrift, wurde so auch gegen ihn verwandt – und man musste in Sachsen Mittel und Wege finden, gegen diese Abweichung innerhalb des eigenen Lagers vorzugehen.

Die nominell zuständige Instanz, den regionalen Bischof, hatten die Wittenberger ja selbst de facto außer Kraft gesetzt, und der Kurfürst hatte dies, so heikel es diplomatisch und politisch auch war, geduldet. Als neue Instanz kam offenbar nur einer in Frage: Martin Luther. Er führte nun durch, was im Mittelalter Aufgabe der Bischöfe oder ihrer Gesandten gewesen war, gelegentlich freilich auch schon von Landesherren übernommen wurde: eine Visitationsreise in den unruhigen Raum an der Saale. Am 22. August 1524 wetterte er von der Kanzel der Jenaer Stadtkirche gegen Andreas Karlstadt – ohne zu wissen, dass dieser verborgen in der Gemeinde stand und alles hörte. In einer denkwürdigen Situation trafen beide kurz danach im Gasthof zum Schwarzen Bären zu einem Gespräch zusammen, in dessen Verlauf Luthers Verhalten neuerlich signalisierte, dass ihm Rechte zukamen, die mehr in seinem Charisma als in seiner institutionellen Verankerung begründet waren. Er versprach Karlstadt, er dürfe fortan weiter gegen ihn schreiben – als läge es an ihm, über die Zensur zu entscheiden. Freilich verlief die weitere Visitationsreise keineswegs glücklich, und Luther musste, als er persönlich in Orlamünde erschien, zu spüren bekommen, was es bedeutete, wenn sich eine reformatorisch gesinnte Bevölkerung gegen ihn wandte: In einem Disput mit Laien aus dem Ort, an dem auf Luthers ausdrücklichen Wunsch Karlstadt selbst nicht teilnahm, wurde Luther damit konfrontiert, dass ihm allein auf der Basis der Schrift begegnet wurde, freilich mit einer Auslegungsweise, die strikter an den Buchstaben des alttestamentlichen Gesetzes hing als Luthers vielfach reflektierte Schrifthermeneutik. Ein – freilich nicht gerade von Sympathie mit Luther getragener – Bericht von diesem Gespräch lässt etwas von der Ernsthaftigkeit der Orlamünder Laientheologen erahnen:

»Sprach einer auß dem rath: herr doctor, freuntlicher bruder, ir last mir das zu, das Moses ein außleger der x. gebot ist? Sagt M. ja. Sprach dieser weiter: so stet in den x. worten geschriben ‚du solt nicht fremde göter haben', und als bald in der außlegung Mosy volget ‚du solt alle bilder abthun und keins haben'. Sagt Marti. Ja, das ist von den abgöttischen bilden geredt. Dyse seint abgöttische, die man anbeetet; was schadet mir ein crucifix an der wandt, das ich nicht annbeete? Sagt ein schuster: ich habe offt vor einem bildt an der wanndt oder auff dem wege mein huot abgezogen, das ist ein abgötterey und gottis uneren und der armen menschen grosser schaden, darumb soll man bilder nicht haben. Sprach Marti. So muostu des mißbraucht auch die weyber umbrengenn, auch den wein vorschutten. Antwort ein ander auß der gemein: nein, das seint creatur von got, uns zur hilffe und enthaltungen unnd notturft geschaffen, die er uns nicht bevolhen hat umbzubringen. Die bilder aber, die menschen hende gemacht haben, die seint uns bevolhen abzuthun. Doctor Mar. hielt aber fest auf dem wort ‚abgötische bilder'. Sprach der schuster wyder: ja ich wölt dirs wol nach lassenn, wann nicht in Mose alle bilder verboten weren. Sprach Marti. Luth. Es steet nicht in der schryfft. Sagt der schuster: es gelt was du wilt, es stet darinnen, und schlugen die henden zu samen und wetten.«[40]

Die Stärke Luthers, plastisch und griffig zu argumentieren, merkt man diesem Bericht ebenso an wie die Schwierigkeit, die er bei denen hatte, die von Karlstadt belehrt worden waren. Wutentbrannt zog er von dannen, und ungeachtet der zwischenzeitlichen Friedenssignale in Jena drang er bald auf eine Entlassung Karlstadts aus seinem Orlamünder Amt. Tatsächlich aber brauchten die

Thomas Müntzer
Vom Prediger zum Anführer im Bauernkrieg: Thomas Müntzer.

Weimarer Behörden keine Ermunterung. Noch im September desselben Jahres wurde Karlstadt aus Sachsen ausgewiesen. Dass er eine schwangere Frau mit auf die ungewisse Reise nehmen musste, rührte nicht. Noch ehe die Reformation im Sinne Luthers offizielle Geltung erlangt hatte, war ein Konkurrent beseitigt.

Der Verdacht des Aufruhrs hatte nicht nur mit Karlstadts eigenen Aktivitäten zu tun, sondern auch damit, dass es neben ihm, in Allstedt, noch einen weiteren umtriebigen Reformator gab, den Luther in seiner Jenaer Predigt in einem Zuge mit Karlstadt genannt hatte: Thomas Müntzer (1490–1525). Die Berührungen Müntzers mit Luther waren marginal. Ein kurzer Studienaufenthalt in Wittenberg 1517 dürfte ihn kaum dauerhaft beeinflusst haben, aber sein Denken speiste sich aus ähnlichen Wurzeln wie das Martin Luthers: Mystik und Apokalyptik flossen zu einem Gedankenkomplex zusammen, in dem eine Änderung des inneren Menschen dazu führen sollte, die gesamte Welt schon hier und jetzt in eine neue Richtung zu führen. Und vieles an seinem unsteten Lebensweg hat auch mit der Suche danach zu tun, wer nun eigentlich die Träger der Wandlung sein sollten. Erste reformatorische Bemühungen zeigten sich schon bei seinem Aufenthalt als Vertreter des örtlichen Predigers in Jüterbog 1519, wo er wegen seiner Kritik an der Scholastik und der Kirchenhierarchie in einen heftigen Konflikt mit den lokalen Franziskanern geriet. Im folgenden Jahr wirkte er in Zwickau, wo sich seine Wege auch mit den später nach Wittenberg ziehenden Propheten um Nikolaus Storch kreuzten. Eine theologisch wichtige Etappe war wohl der Fortgang nach Böhmen im Anschluss an seine Entlassung in Zwickau 1521: Hier, wo im Jahrhundert zuvor die Taboriten chiliastische Hoffnungen auf ein Reich Christi nach Offenbarung 20 gehegt hatten, verkündete er in seinem »Prager Anschlag« oder »Manifest« vom 1. November 1521, dass

Schloss Allstedt
Im Allstedter Schloss versuchte Müntzer, die sächsischen Fürsten für seine Sache zu gewinnen.

Gott mit seinen Auserwählten »wunderlich dinck«[41] tun werde, und rief alle Menschen zur Verteidigung von Gottes Wort auf – ein Wort freilich, das nicht allein äußerlich durch die Schrift gegeben war, sondern auch als innere Offenbarung. 1523 gelangte Müntzer unter nicht ganz geklärten Umständen auf die Pfarrstelle in Allstedt und predigte nun mehr und mehr gegen die schon im Prager Manifest angegriffenen »pfaffen unde affen«,[42] und zugunsten einer grundlegenden Änderung der Kirche. Entgegen dem vor allem in der DDR-Historiographie gepflegten Verständnis Müntzers als eines Sozialrevolutionärs hat Müntzer dabei keineswegs von Anfang an auf die Unterstützung der Entrechteten gesetzt, sondern er versuchte, die Fürsten für sich zu gewinnen. Am 13. Juli 1524 hielt er vor Herzog Johann und dem Kurprinzen Johann Friedrich (1503|1532–1554) seine berühmt gewordene Fürstenpredigt über den Traum Nebukadnezars und seine Deutung durch den Propheten Daniel in Dan 2: Eine Abfolge von irdischen Herrschaften sollte in der Durchsetzung des Reiches Christi gipfeln, und die Fürsten sollten sich in dessen Dienst stellen. Hätte Müntzer mit dieser Predigt den erwünschten Erfolg gehabt, so wäre nicht mehr Luther der unangefochtene Anführer der Reformation in Sachsen gewesen, sondern Müntzer hätte sich zur entscheidenden Figur aufgeschwungen.

Doch folgten ihm die Fürsten nicht. Seine Predigt hatte sich schon zu diesem Zeitpunkt

Bauernkriegespanorama Bad Frankenhausen
Kurz vor dem Ende der DDR wurde ein monumentales Kunstwerk eröffnet: das Bauernkriegspanorama von Werner Tübke in Bad Frankenhausen, in dem geschichtliches Zitat und Gegenwartsbewusstsein der damaligen DDR oszillieren.

mit offenkundigem Aufruhr verbunden: Am 24. März war die Marienkapelle in Mallerbach, die zum Kloster Neuendorf gehörte, in Flammen aufgegangen, und es war nur zu deutlich, dass dies in Zusammenhang mit Müntzers antiklerikaler Predigt stand. Dass der lokale Vertreter der kurfürstlichen Regierung, der Schösser von Allstedt, die Tat nicht mit ausreichendem Nachdruck verfolgte, ist ein Indiz für die Rückendeckung, die Müntzer in seinem Einflussbereich schon erhalten hatte. Doch sein Versuch, in der Fürstenpredigt die Regenten auf seine Seite zu ziehen, schlug fehl: Statt sich an die Spitze der sächsischen Reformation stellen zu können, wurde er zu einem Verhör nach Weimar geladen. Diesem entzog er sich, indem er im August 1524 in die nahegelegene Reichsstadt Mühlhausen floh. Zusammen mit dem dortigen Prediger Heinrich Pfeiffer (hingerichtet 1525) begründete er hier nun – neben den oben erwähnten oberdeutschen oder eher an Wittenberg orientierten Typen – ein eigenes Modell reichsstädtischer Reformation. Der Versuch, einen neuen Rat und eine streng am Wort Gottes orientierte Stadtregierung zu installieren, wurde durch die Gründung eines »Ewigen Bundes« vor den Toren der Stadt unterstützt, dessen Programm freilich im Unklaren bleibt. Im Blick auf die weitere Entwicklung ist es jedenfalls auffällig, dass sich unter den bekannten über hundert Mitgliedern des Bundes noch kaum Bauern befanden.

Dass Müntzer diese soziale Gruppe zum Träger der Umgestaltung wählen sollte, war eine Folge der weiteren Entwicklung: Gemeinsam mit Pfeiffer wurde er noch im September 1524 aus Mühlhausen ausgewiesen, und auf Umwegen gelangte er in den Südwesten des Reichs, wo sich in dieser Zeit die schon länger gärende Unruhe im Bauernkrieg entlud. Schon seit dem späten Mittelalter hatte es in Europa immer wieder Aufstandsbewegungen der Bauern gegeben. Dieser Stand war in besonderer Weise von der territorialen Verdichtung betroffen, in deren Verlauf die lokalen Fürsten verstärkt ihre Macht im jeweiligen Territorium durchsetzten und so tradierte Freiheitsräume beschnitten. Besonders ausgeprägt waren die Unruhen im deutschen Südwesten, wo unter dem Symbol des bäuerlichen Bundschuhs immer wieder Aufstände aufflammten. Im frühen 16. Jahrhundert wurde die ohnehin unruhige Region noch weiter erschüttert, als der Schwäbische Bund 1519 Herzog Ulrich von Württemberg (1498–1519; 1534–1550) wegen Landfriedensbruchs seines Amtes enthob und im folgenden Jahr die Habsburger unmittelbar die Regentschaft über das Herzogtum übernahmen, das damit faktisch den österreichischen Vorlanden im Breisgau und Donauland zugeschlagen wurde. Der in diesen Jahren entstandene Herrenberger Altar legt Zeugnis von den damit verbundenen, auch religiös konnotierten Spannungen ab: Auf derjenigen Altartafel, die das Motiv *Ecce homo* darstellt, weht auf Seiten der Römer – die im biblischen Bericht als Besatzungsmacht in Jerusalem Jesus verurteilen – der Doppeladler der Habsburger; sein Maler Jörg Ratgeb (hingerichtet 1526) kämpfte wenige Jahre später auf Seiten der Bauern.

Zum Zeitpunkt des Ausbruchs des Bauernkrieges hatte die religiöse Komponente durch die Reformation noch einmal einen erheblichen Schub erhalten. Es wäre verkürzt, den Bauernkrieg einfach, wie es altgläubige Polemik rasch tat, als Folge der Reformation und womöglich als Beleg für deren aufrührerisches Potenzial zu sehen. Tatsächlich handelt es sich beim Verhältnis zwischen reformatorischer Botschaft und Aktivitäten der Bauernschaft um einen sehr komplexen Rezeptionsprozess. Er gestaltete sich schon allein deswegen viel schwieriger als in den Städten, weil sich im Unterschied zu diesen auf dem Land kaum lesefähige Bevölkerungsteile fanden. Die reformatorische Botschaft wurde durch ihre Weitergabe auch erneut transformiert. Jeder Rezeptionsprozess enthält in sich neben passiven auch aktive Elemente: Gerade die Freiheitsbotschaft der Reformation konnte auf sehr unterschiedliche Voraussetzungen stoßen und damit auch unterschiedliche kreative Rezeptionsprozesse in Gang setzen. Dies galt in besonderer

Weise für die zum Teil in der Stadt, vor allem aber auf dem Land anzutreffende herrschaftsferne Gruppe von Menschen, die die Zeitgenossen als »gemeiner Mann« zusammenfassten. Auf dem Land lässt sich anhand der Wirkungen im Bauernkrieg ein Rezeptionsstrang nachzeichnen, in dem sehr unmittelbar der Bezug auf die Leibeigenschaft hergestellt wurde, die Freiheitsbotschaft also auch und vor allem als Forderung zur Befreiung aus diesen sozialen Schranken gehört wurde. Aus Luthers Sicht hieß dies, »Christliche freyheyt gantz fleyschlich machen«.[43] Rezeptionsästhetisch wird man weniger von einem Missverständnis als einer produktiven Fortführung sprechen können, deren Ergebnis freilich in der Tat ein anderes war als das Anliegen Luthers selbst. Der Unmut der Bauern gewann auch rasch einen literarischen und bildlichen Ausdruck in der Figur des »Karsthans«, der sich in den unruhigen Zeiten die Sache der Reformation zu eigen machte.

Die ländliche Rezeption reformatorischer Ideen lässt sich vor allem in einem vergleichsweise späten Dokument des Bauernkriegs nachvollziehen, den »Zwölf Artikeln«. Sie sind Ende Februar/Anfang März 1525 als Sammlung der Forderungen der Bauernschaft entstanden, nachdem die Kämpfe schon im Frühsommer 1524 am Südrand des Schwarzwaldes aufgeflammt waren. Das Gesamtphänomen des Bauernkriegs bestand dabei aus einer Summe von einzelnen Aktionen, in denen sich Hass auf die Bedrückung durch den Adel mit Antiklerikalismus vermischte. Im Frühjahr 1525 breiteten sich die Aktionen im Südwesten aus, und in dieser Phase wurden durch Programmschriften wie die erwähnten »Zwölf Artikel« oder den Artikelbrief der Schwarzwälder Bauern die Aktionen zusammengeführt und inhaltlich gebündelt. Markant ist im Zusammenhang mit der Reformation, dass der erste der Artikel der freien Wahl des Pfarrers und der Forderung nach reiner Predigt des Evangeliums galt. Weitere Artikel forderten dann etwa die Aufhebung des kleinen Zehnten, der für Tiere und tierische Produkte erhoben wurde, die Aufhebung der Leibeigenschaft sowie die Linderung von Frondiensten und Zinsen. Wie sicher man sich darin war, hier die Forderungen der Reformation umzusetzen, zeigt sich nicht zuletzt daran, dass die Bauern unter anderem Martin Luther, Philipp Melanchthon und den Wittenberger Stadtpfarrer Johannes Bugenhagen (1485–1558) als mögliche Schiedsrichter in ihrer Sache benannten. Luther hat denn auch ausführlich Stellung genommen und sich den Forderungen der Bauern keineswegs entgegengestellt, im Gegenteil: Er kritisierte zwar, dass die Forderungen der Bauern im Wesentlichen ihren eigenen Nutzen zum Ziel hatten, beurteilte sie aber dennoch überwiegend als berechtigt.[44] Es waren die Fürsten, von denen er verlangte nachzugeben. Was er den Bauern freilich absprach, war das Recht, sich

ZEITGENÖSSISCHER STICH DER REICHSSTADT MÜHLHAUSEN
In der Reichsstadt Mühlhausen wollte Müntzer nach der Vertreibung aus Sachsen seine Reformation durchführen.

als christliche Vereinigung zu verstehen,[45] ja, sie widersprachen in seinen Augen dem christlich gebotenen Verhalten, indem sie sich gegen die von Gott gesetzte Obrigkeit auflehnten.[46]

All dies war – obwohl Luther schon in dieser Schrift in apokalyptischen Tönen von der Nähe des Endes sprach, das er seit der Identifikation des Papstes als Antichrist ohnehin alsbald erwartete – offenkundig auf Friedensstiftung ausgerichtet. Der Ton im Umgang mit den Bauern änderte sich aber, als die Ereignisse näher rückten. Der Bauernkrieg dehnte sich nach Thüringen aus, und hier machte Luther nicht nur selbst gefährliche Bekanntschaft mit der Gewaltbereitschaft, sondern es trat auch wieder der in den Mittelpunkt, den er schon länger als Schwärmer und Aufrührer ansah: Thomas Müntzer. Geprägt von den Erfahrungen im Südwesten Deutschlands war er im Februar 1525 nach Mühlhausen zurückgekehrt. Schon wenige Wochen später sammelte sich unter den drei bäuerlichen Heeren in Thüringen auch eines von Mühlhausen unter der Fahne von Müntzers Ewigem Bund mit der Aufschrift: »*Verbum Domini manet in aeternum*« (»Das Wort Gottes bleibet in Ewigkeit«). Müntzer selbst zog mit einem kleinen Trupp nach Frankenhausen in die Schlacht, und noch am 15. Mai predigte er, umschlossen von feindlichen Heeren, dass Gott den Sieg bringen werde. Es kam aber zu einem triumphalen Erfolg der Fürsten, Müntzer wurde gefangen gesetzt und hingerichtet. Dass Luthers Schrift »Auch wider die räuberischen und mörderischen Rotten der andern Bauern« erst nach dieser verheerenden Schlacht bekannt wurde und auch nicht nur, wie von Luther vorgesehen und zunächst auch durchgeführt, als Anhang zur »Ermahnung zum Frieden«, sondern separat erschien, machte die harten Worte, die Luther nun gegen die Thüringer Bauern wählte, geradezu makaber. Sein Aufruf: »Drumb, lieben herren, loset hie, rettet hie, helfft hie, Erbarmet euch der armen leute, Steche, schlahe, wuorge hier, wer da kan«,[47] war schon mehr als erfüllt. Als abschließendes Wort Luthers zur Sache freilich wäre es missverstanden, denn nach wie vor lag sein Interesse an friedlichem Ausgleich, nicht an blutrünstigem Niedermetzeln. Freilich ist er in der Sache nicht von seiner Überzeugung abgewichen, dass die Obrigkeit auch gewaltsam die Ordnung zu bewahren habe – wohl vor allem, weil ihm am Ende des Fehdezeitalters, und darin durchaus auf das moderne Gewaltmonopol des Staates vorausweisend, an einer starken zentralen Machtinstanz lag. Ohnehin war das Jahr 1525 für ihn offenbar publizistisch weit weniger erfolgreich als privat: Am 13. Juni schloss er die Ehe mit Katharina von Bora (1499–1552) – auch für das unmittelbare Umfeld durchaus irritierend im unmittbaren Nachgang der Schlacht von Frankenhausen.

Als die Aufregungen des Bauernkriegs ihm wieder mehr Zeit zur ruhigen Arbeit ließen, hat er sich dann an eine seiner theologisch tiefsten, aber auch schwierigsten Schriften gemacht: »*De servo arbitrio*« (»Der geknechtete Wille«). Er antwortete damit auf die »*De libero arbitrio διατριβή sive collatio*« des Erasmus und hielt diesem die Überzeugung entgegen, dass der menschliche Wille in Fragen des Heils nicht frei, sondern ganz und gar von Gott oder seinem Widerpart dem Teufel bestimmt sei. Bei vielen Humanisten verlor damit Luther auch jene Reputation, die fast ein Jahrzehnt lang den Eindruck erweckt hatte, die Anliegen, die man verfolgte, seien identisch. Man konnte nun durchaus als Humanist sehr bewusst auf Seiten der alten Kirche bleiben, wenn auch einige Humanisten, allen voran Melanchthon, der Sache der Reformation treu blieben.

Für die Bauern und den lang anhaltenden Kampf um ihre Rechte bedeutete das Jahr 1525 Frustration und Stillstand. Mehrere zehntausend Menschen waren auf ihrer Seite gestorben, doch der bisherige Stand blieb erhalten. Selbst der Vertrag von Weingarten, der eine Friedensgeste darzustellen schien und als solche auch von Luther begrüßt wurde, erwies sich als ein geschickter Schachzug des Truchsess von Waldburg, der die Kämpfe in Süddeutschland beendete, aber keine neuen Chancen für die Bauern eröff-

Herrenberger Altar, Staatsgalerie Stuttgart: Ecce-homo-Tafel
Der Habsburger Doppeladler als Zeichen der Römer, die das Heilige Land beherrschen: Auf dem Herrenberger Altar fließen biblische Geschichte und Gegenwart Württembergs ineinander.

Portrait Philipps von Hessen
Landgraf Philipp von Hessen gestaltete in seinem Territorium zielstrebig einen eigenen Typus von Reformation. Gemälde von Hans Krell, 1534.

nete. So fand die Welle bäuerlicher Aufstände seit dem späten Mittelalter kein Ende, sondern setzte sich fort. Auch in religiöser Hinsicht wurden in den folgenden Jahren die Anliegen nur zum Teil erfüllt. Der friedliche Wunsch nach der freien Predigt des Evangeliums wurde zwar dort erfüllt, wo sich die Reformation durchsetzte, aber die erwartete Verbindung mit den sozialen Forderungen der Bauern verlor ihre bisherige spezifische Plausibilität. Dort aber, wo, wie im Kreis um Müntzer, religiöse Erwartungen unmittelbar in Gewaltbereitschaft umgesetzt worden waren, wurde die bisherige Haltung modifiziert und führte zur Entwicklung neuer abweichender Gruppen.

Charakteristisch hierfür ist Hans Hut (ca. 1490–1527), der unter dem Einfluss von Karlstadt und Müntzer zur Ablehnung der Kindertaufe gekommen war. Für ihn war die Erwachsenentaufe nicht so sehr Ausdruck des Bekenntnisses – wie bei den Schweizer Täufern –, sondern Zeichen der Versiegelung für die künftige Endzeit, auf die er ganz im Sinne von Müntzer auch nach dem Ende des Bauernkriegs noch hoffte. So entstand eine weitere Spielart des Täufertums, die sich in der theologischen Begründung wie in der unterschiedlichen Haltung zur Gewalt deutlich von den Zürcher Täufern unterschied und die Sorge der Obrigkeiten gegenüber den täuferischen Gruppen erheblich verstärkte. 1527 wurde Hut verhaftet. Er starb auf der Flucht, aber der Gedanke, dass täuferische Gesinnung und eine chiliastische Hoffnung auf Errichtung des Reiches Christi hier auf Erden sich verbanden, sollte fortleben und wenige Jahre später im Täuferreich von Münster noch einmal konkrete Gestalt gewinnen.

Sachsen und Hessen: erste territoriale Reformationen

Beim Kampf gegen die Bauern hatte große Einigkeit unter den Obrigkeiten bestanden: Aus Sicht der Fürsten ging es um das gemeinsame Anliegen, Aufruhr zu unterdrücken. Die religiöse Motivation der Bauern spielte dabei keine Rolle, zumal auch diejenigen Fürsten, die begannen, mit der Reformation zu sympathisieren, durch Luther die Gewähr hatten, dass die Bauern nicht die Sache des Evangeliums vertraten. So kämpften in Frankenhausen Philipp von Hessen, Georg von Sachsen und Heinrich von Braunschweig (1514–1568) gemeinsam gegen die Bauern. Die Einigkeit unter ihnen wich jedoch bald – und deutlich erkennbar – einer Differenz im Umgang mit der reformatorischen Bewegung. Reichsrechtlich machte sich dies vor allem an der Stellung zur Umsetzung des Wormser Edikts fest.

Das Edikt war immer wieder Gegenstand von Debatten, insbesondere auf den Nürnberger Reichstagen von 1523 und 1523/24. Letzterer endete mit der Hoffnung auf ein Nationalkonzil, was freilich aufgrund der Ablehnung durch den König scheiterte. Die religiösen Anliegen der Reformation fanden damit kein angemessenes kirchliches Gremium zur Entscheidung, zumal die Forderung nach einem Konzil auf universalkirchlicher Ebene erst recht erfolglos blieb. Der eigentlich für solche Fragen nicht zuständige Reichstag musste das Forum bilden, auf dem hierüber beraten wurde, und die Frage wurde umso dringlicher, je stärker nicht nur die Reichsstädte der Reformation zuneigten, sondern sich auch im Fürstenkreis Sympathien für die Reformation durchsetzten. Mindestens für den jungen Landgrafen Philipp von Hessen darf man annehmen, dass er sich seit 1524 immer mehr den Grundlinien der reformatorischen Botschaft annäherte, die ihm Melanchthon nahegebracht hatte.[48] Im ernestinischen Sachsen war nach Friedrichs Tod mit Johann dem Beständigen ein Kurfürst an die Macht gekommen, der schon in der Zeit der mutschierten Herrschaft seine Sympathien für die Reformation kaum verhehlt hatte. Dabei dürfte die innere Überzeugung von der evangelischen Botschaft die entscheidende Rolle gespielt haben, auch wenn der wirtschaftliche Nutzen nicht ohne Be-

PHILIPPVS LANDT GRAVE ZV
HESSĒ GRAVE ZV
CATZENELNBOGĒ
DIETZ ZIEGEN
HAIN VND NIDDA

lang war: In Hessen hatte Landgraf Philipp schon 1525 angefangen, die Klostergüter seiner Herrschaft zu inventarisieren und zu registrieren und damit den spätmittelalterlichen Zugriff auf sie intensiviert.

Auf dem Reichstag von Speyer fand man für die unterschiedlichen Interessen keine gemeinsame Haltung, und so trug der Reichsabschied Züge dessen, was man in der Forschung als »dissimulierendes« Verfahren (Martin Heckel) bezeichnet hat: Man fand eine Formulierung, unter die sich beide Seiten finden konnten, auch wenn sie unterschiedlicher Auffassung waren. In Speyer lautete die einschlägige Formel vom 27. August 1526: Bis zu einem Konzil oder einer Nationalversammlung solle einem jeden Reichsstand gestattet sein, »für sich also zu leben, zu regieren und zu halten, wie ein jeder solches gegen Gott, und käyserl. Majestät hoffet und vertraut zu verantworten«.[49] Der bewusste Mangel an Präzision ist offenkundig: Während die altgläubige Seite sich gewiss war, dass die so angesprochene Verantwortung keine Handlungen zuließe, die einen definitiven Bruch mit dem Herkommen bedeutete, sahen die anderen in dem Abschied eine Legitimationsgrundlage zur Durchführung reformatorischer Maßnahmen.

Es waren vor allem Hessen und Sachsen, die nun forciert an eine solche Umgestaltung gingen, zunächst mit unterschiedlichen Akzenten, bald aber im Gleichklang. Philipp von Hessen strebte eine Kirche an, die ganz neu aus Gemeinde und Pfarrerschaft errichtet werden sollte. Die von einer Kirchenversammlung im nordhessischen Homberg im Herbst 1526 beschlossene *Reformatio ecclesiarum Hassiae* – wohl der erste Text, in dem der Begriff *»reformatio«* für das steht, was wir heute als »Reformation« bezeichnen[50] – sah als zentrale Instanz eine »Provinzsynode« vor.[51] Deutlich erkennbar ist, dass die bisherige bischöfliche Struktur durch eine landeskirchliche ersetzt werden sollte. Was Philipps Vorfahren hundert Jahre zuvor nicht gelungen war, die Gleichsetzung der territorialen und der kirchlichen Grenzen, bekam hier Gestalt. Auch wenn diese Ordnung – nicht zuletzt aufgrund des Widerspruchs Martin Luthers gegen eine baldige Umsetzung – nicht in Kraft gesetzt wurde, hat Philipp viele weitere Anliegen, die in Homberg formuliert worden waren, bald umgesetzt. Angeleitet von humanistisch orientierten Beratern, wie dem Juristen Johann Eisermann (gest. 1558), verband er eine stark biblisch geprägte Frömmigkeit mit einer Orientierung an dem in humanistischer Ethik in den Vordergrund gestellten »gemeinen Nutzen«. Dieser zeigte sich maßgeblich in seiner Bildungspolitik. Sie wurde neben der 1527 neu gegründeten Marburger Universität (von der kurzlebigen Hohen Schule in Liegnitz abgesehen, der ersten protestantischen Gründung) durch ein Gymnasium und eine durchdachte Stipendieneinrichtung verwirklicht, die es begabten jungen Leuten aus der gesamten Landgrafschaft ermöglichte, an der neuen Landesuniversität zu studieren. Auch andere Maßnahmen in Hessen zeigen die auf eine neue soziale Strukturierung ausgerichtete reformatorische Gestaltung. Die Klöster wurden im Laufe von Philipps Herrschaft für die Belange der Gesundheitsfürsorge genutzt: In einer allmählichen, 1531 mit den Klöstern Haina und Merxhausen beginnenden Umgestaltung wurden insgesamt vier karitative Einrichtungen für Kranke und Behinderte gegründet. Mit einem gewissen Recht sah Philipp in diesen Maßnahmen eine Verwirklichung der Anliegen seiner Ahnin Elisabeth von Marburg (1207–1231) und ließ sich auf dem Philippsstein in Haina mit ihr gemeinsam abbilden. In der fürstlichen Repräsentation zeigte sich das Bewusstsein der Reformation als legitimer Transformation mittelalterlicher Anliegen.

Diese Maßnahmen sind schon Ausdruck einer viel stärker obrigkeitlich gesteuerten Durchführung der Reformation, als sie sich in der Homberger *Reformatio* abzuzeichnen schien. Wichtigstes Instrument hierfür wurde in Hessen wie in Sachsen der Weg der Visitation. Beide Territorien knüpften damit an die spätmittelalterlichen Übernahmen der bischöflichen Visitation durch weltliche Herrscher an, wobei Sachsen – auch

wenn man die faktische Visitationsreise Luthers nach Südthüringen 1524 nicht hinzurechnet – früher als Hessen dieses Mittel zur Durchsetzung der Reformation nutzte. Schon im Spätsommer 1525 hatte der Zwickauer Pfarrer Nikolaus Hausmann (gest. 1538) organisierte Visitationen angeregt,[52] und noch vor dem Speyerer Reichstag hatte sich Johann entsprechend präzisierte Vorschläge Luthers zu eigen gemacht – nun wurde diese Entwicklung, unter dem Eindruck, dass der Reichstag dergleichen legitimiere, auf geordnete Bahnen gelenkt. Konsequent nahm der Kurfürst die bisherige bischöfliche Aufgabe in seine Hände. So intensivierte sich der spätmittelalterliche Prozess der Herrschaftsverdichtung und der damit verbundenen kirchlichen Dezentralisierung spürbar. Hier wurde auf andere Weise, aber mit ähnlicher Intention wie in Philipps *Reformatio*, die für die frühneuzeitlichen reformatorischen Landeskirchen prägende Identität von Territorialgrenze und kirchlichem Einflussraum geschaffen und die spätmittelalterliche Überlappung kirchlicher und weltlicher Rechtsräume beendet. Hatten gerade die Ereignisse um

Marburger »Alte Universität« und Schloss

In Marburg wurde die erste protestantische Universität gegründet.

Karlstadt in Orlamünde und insbesondere um Müntzer in Allstedt die Schwierigkeiten eklatant offengelegt, vor die sich ein noch unzureichend verdichteter spätmittelalterlicher Staat gestellt sah, so entstand nun ein bemerkenswert geschlossener Rechtsraum. Wie in anderen Zusammenhängen – etwa der Adelsschrift Luthers – zeigt sich auch an dieser Stelle, dass das Neue der Reformation nicht einfach ein Bruch mit mittelalterlichen Entwicklungen war, sondern gelegentlich ihre konsequente und radikale Verwirklichung. Deren Ergebnis war dann allerdings eine Verfassung, die so mit mittelalterlichen Gegebenheiten nicht mehr einherging. Die dem Landesherrn neu zugewachsene Aufgabe wurde zunächst durch eine Kommission erfüllt, die paritätisch von Seiten der Universität durch den Juristen Hieronymus Schurff (1480–1554) und Philipp Melanchthon sowie des kurfürstlichen Hofes durch Hans von der Planitz (gest. 1535) und Asmus von Haubitz (gest. 1532)[53] besetzt wurde. Schon diese Zusammensetzung macht deutlich, dass die Übernahme der Visitationsaufgabe nicht eine Anmaßung geistlicher Funktionen durch den Landesherrn war, sondern sich ganz auf administrative Vollzüge bezog: Keiner der Visitatoren war ordiniert. Der Landesherr handelte hier anstelle der bisherigen Bischöfe, die nach seiner Ansicht in ihrer Aufgabe versagt hatten, aber die geistlichen Befugnisse überließ er anderen. Freilich gingen die Visitatoren an der realen Situation von Predigten und Sakramenten nicht vorbei – und machten dabei erschütternde, wenn auch letztlich wenig überraschende Erfahrungen: Die sächsische Pfarrerschaft, die ja durchweg noch unter alten Bedingungen geweiht worden war – die erste Ordination eines Pfarrers in Wittenberg fand 1535 statt –, war durchaus nicht auf die Aufgabe der Predigt des Evangeliums im Sinne der reformatorischen Botschaft vorbereitet. So war neben der umfassenden Ordnung der Besitztümer der Pfarreien eine der wichtigsten Folgen der Visitationen, dass Luther seine Katechismen schrieb, um nicht nur die Gemeinden, sondern auch die Pfarrer zu unterrichten. Er legte das in reformatorischem Sinne aus, was schon mittelalterliche Christen als Grundbestand des Glaubens gelernt hatten: die Zehn Gebote, das Glaubensbekenntnis und das Vaterunser.

Titelblatt von Luthers Katechismus
Zum Unterricht im neuen Glauben verbreitete Luther seine Katechismen.

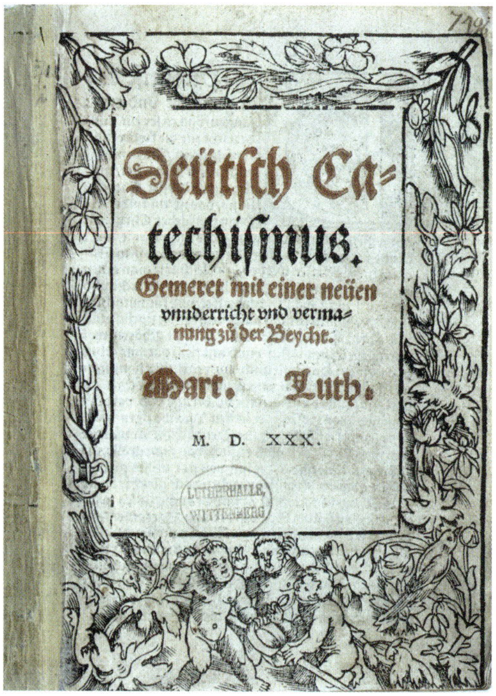

Während in Hessen und Sachsen die Reformation territoriale Gestalt gewann, formierte sich auch in der Schweiz ein Bündnis, das die Reformation über den Horizont einer einzelnen Stadt hinaus verankerte. Zwingli wirkte durch ein breites Korrespondentennetz weit über seinen Pfarrort Zürich hinaus und schmiedete eine reformatorische Koalition, in die insbesondere Bern, Basel und Schaffhausen eintraten. Die altgläubige Gegnerschaft hatte sich schon 1524 zu einem Bündnis, getragen von Luzern, Uri, Schwyz, Unterwalden, Zug, später auch Freiburg und Solothurn, zusammengeschlossen.

Angesichts dessen suchten die reformatorischen Stände in einem »Christlichen Burgrecht« auch Unterstützung von außen. So standen sich

in der zweiten Hälfte der zwanziger Jahre in der Schweiz zwei Blöcke gegenüber, für die bereits einzelne Konfliktlinien – insbesondere durch die gemeinsamen Herrschaften, in denen man sich über die Einführung der Reformation oder deren Verweigerung verständigen musste – vorgezeichnet waren. Während also im engeren Gebiet des Reichs der Reichstag von Speyer eine gewisse Beruhigung für die reformationswilligen Stände bewirkt hatte, spitzte sich die Lage für die Schweizer reformatorischen Orte immer mehr zu – und vor dieser bedrohlichen Kulisse kam es dann auch noch zu einem schwerwiegenden theologischen Konflikt zwischen Zwingli und Luther.

Gefährdung der Einheit der Reformation: der Abendmahlsstreit

Unterschiede in der Deutung des Abendmahls hatten sich zunächst zwischen Luther und Karlstadt gezeigt. Die gemeinsame Ablehnung des Verständnisses der Messe als Opfer und Werk der Menschen brachte nicht selbstverständlich eine gemeinsame positive Lehre vom Abendmahl mit sich. Ausgangspunkt der Differenzen war somit ein Gesichtspunkt, in dem man sich kritisch durchaus einig war: die Ablehnung der Transsubstantiationslehre (s. o., S. 10). Luther hat diese Lehre vor allem kritisiert, weil sie die Gewissen der Christen auf eine bestimmte philosophische

August Noack, Marburger Religionsgespräche
1529 führte Philipp von Hessen die Reformatoren zu einem Gespräch in Marburg zusammen – doch scheiterte die Einigung am Verständnis des Abendmahls. Historiengemälde von August Noack.

Auslegung der Gegenwart Christi im Abendmahl mit Begriffen des Aristoteles verpflichten wollte. Zweifel an der tatsächlichen Präsenz von Leib und Blut Christi hatte er deswegen nicht, auch wenn er in seinen frühen Schriften zum Abendmahl diesen Gedanken nicht besonders betonte. Hierzu sah er sich allerdings genötigt, als die Realpräsenz von reformatorischen Weggefährten bestritten wurde. Der am nachhaltigsten wirksame Streit entstand mit Zwingli. Das Medium Flugschrift bewährte sich nun insbesondere als Kampfmittel. Schon die Titel der Traktate, die Zwingli und Luther sich 1527 entgegenschleuderten, zeigen durch ihre Ähnlichkeit, dass man auf ein Publikum spekulierte, das um die Streitfragen wusste: Luther reagierte auf Zwinglis Abendmahlslehre mit der Schrift: »Daß diese Worte Christi ›Das ist mein Leib etc.‹ noch fest stehen wider die Schwarmgeister«, und Zwingli antwortete: »Daß diese Worte Jesu Christi: ›Das ist mein Leichnam, der für euch hingegeben wird‹ ewiglich den alten einigen Sinn haben werden«. Während Luther die Dynamik des Handelns Gottes betonte, der sich im Sakrament selbst, und das voll und ganz, gab, sah Zwingli vorwiegend die Bewegung des Menschen, der sich mit der versammelten Gemeinde zu Gott bekannte, hin zu Christus.

Dass der theologische Streit politisch belastend war, sah vor allem Landgraf Philipp, der für die Auseinandersetzungen wenig Verständnis hatte, da er meinte, es reiche, sich auf den biblischen Text zu berufen. Dass Luther der Meinung war, mit seiner Schrift »Vom Abendmahl Christi. Bekenntnis« 1528 einen Schlusspunkt unter die Debatte gesetzt zu haben, konnte Philipp nicht stehen lassen. Er drängte beide Streitgegner zu Verhandlungen, wobei es mehr Luther als Zwingli war, der hierzu bewegt werden musste. Auf dem Marburger Schloss fand vom 27. September bis zum 4. Oktober 1529 ein Gespräch statt, an dem neben den Hauptakteuren noch zahlreiche andere Reformatoren beteiligt waren. In vielen Punkten wurde Einigkeit festgestellt – nur an dem entscheidenden Streitpunkt nicht: der Frage nach der Präsenz Christi im Abendmahl. Die Bemühungen, aus der hessischen Mittellage heraus den Südwesten mit Sachsen zu verbinden, waren gescheitert. Die Reformation drohte in zwei Lager zu zerfallen.

V.

Wandlungen im Reich und in Europa

Bedrohung der Reformation

Philipp sah sich zum Verhandeln und Handeln gedrängt, was auch damit zu tun hatte, dass nicht damit zu rechnen war, dass die Frage des Umgangs mit dem Wormser Edikt weiter wie bisher aufgeschoben würde. Das reichspolitische Szenario hatte sich in den vergangenen Jahren erheblich geändert: Während in Marburg die Reformatoren über das Abendmahl debattierten, lagen türkische Heere vor Wien. Auch wenn die am 21. September 1529 begonnene Belagerung Mitte Oktober erfolglos abgebrochen werden musste, bedeutete dies doch einen bedrohlichen Vorstoß in die habsburgischen Kernlande, über die seit 1522 Ferdinand I., der Bruder und Statthalter des Kaisers, regierte. Drei Jahre zuvor war dieser in Folge der Niederlage der Ungarn gegen die Türken bei Mohács auch ungarischer König geworden. Schlag auf Schlag erschien so am Horizont Mitteleuropas die Gefahr der türkischen Kriege. Sie rief nicht nur publizistisch verbreitete Türkenangst hervor, sondern machte auch reichspolitisches Handeln notwendig. Wenig später sollte sie Karl V. wieder auf den Plan rufen, der sich seit dem Winter 1521/22 im Reich durch seinen Bruder und das Nürnberger Reichsregiment hatte vertreten lassen. Er selbst war vor allem mit der Konsolidierung seiner Herrschaft in Spanien sowie mit kriegerischen Auseinandersetzungen mit Franz I. von Frankreich beschäftigt, die ihn, da der französische König 1526 mit Clemens VII. die Heilige Liga von Cognac gegründet hatte, auch in einen Konflikt mit dem Papst brachte. Truppen eben des Kaisers, der in Worms seinen katholischen Glauben bekannt und mit dem Wormser Edikt den vom Papst gebannten Ketzer Martin Luther geächtet hatte, plünderten im Mai 1527 im *Sacco di Roma* die Ewige Stadt. Zwar hatte Karl V. dies nicht angeordnet, sondern es handelte sich um einen Versuch von Landsknechten, ihren ausbleibenden Sold zu ersetzen, aber im Angesicht der Heiligen Liga trug er die Verantwortung dafür, und von der Demütigung des Papstes hatte tatsächlich er den größten Vorteil.

FERDINAND I.
Während Karl V. außerhalb weilte, oblagen seinem Bruder Ferdinand I. die Regierungsgeschäfte im Reich.

Die reformatorische Bewegung war auch bereits im April 1529 in eine neue reichsrechtliche Phase eingetreten: Die Durchführung reformatorischer Maßnahmen unter Berufung auf den Abschied des Ersten Speyerer Reichstages von 1526 erschien der altgläubigen Mehrheit als Missbrauch jener dissimulierenden Formel, und so drängte sie gemeinsam mit Ferdinand I. auf eine Rückkehr zur allgemeinen Geltung des Wormser Edikts. Dass der Große Ausschuss des Reichstages eben dies zur Beschlussvorlage machte, wurde Anlass für jenen Moment, der der evangelischen Bewegung den Namen »Protestantismus« gebracht hat: Die evangelischen Reichsstände legten am 20. April eine *protestatio* vor, nach üblichen Rechtsverfahren eine feierliche Behauptung der eigenen Rechtsposition, die nach Auffassung der Evangelischen darin bestand, dass sie

»für uns, die Unseren und für alle keiner Tätigkeit und vermeintlichem (Reichstags-)Abschied (...) in den erwähnten oder anderen Angelegenheiten, die gegen Gott, sein heiliges Wort, unser aller Seelenheil und gutes Gewissen, auch gegen den vorher zitierten Speyerer Reichstagsabschied vorgenommen, beschlossen und gemacht worden sind, zustimmen noch einwilligen, sondern (sie) aus den erwähnten und andren redlichen Gründen für nichtig und unverbindlich halten«.[1]

Dieser Rechtsvorbehalt galt dann auch für den Abschied des neuen Reichstages, der das Wormser Edikts einschärfte und weitere Neuerungen bis zum künftigen Konzil untersagte.

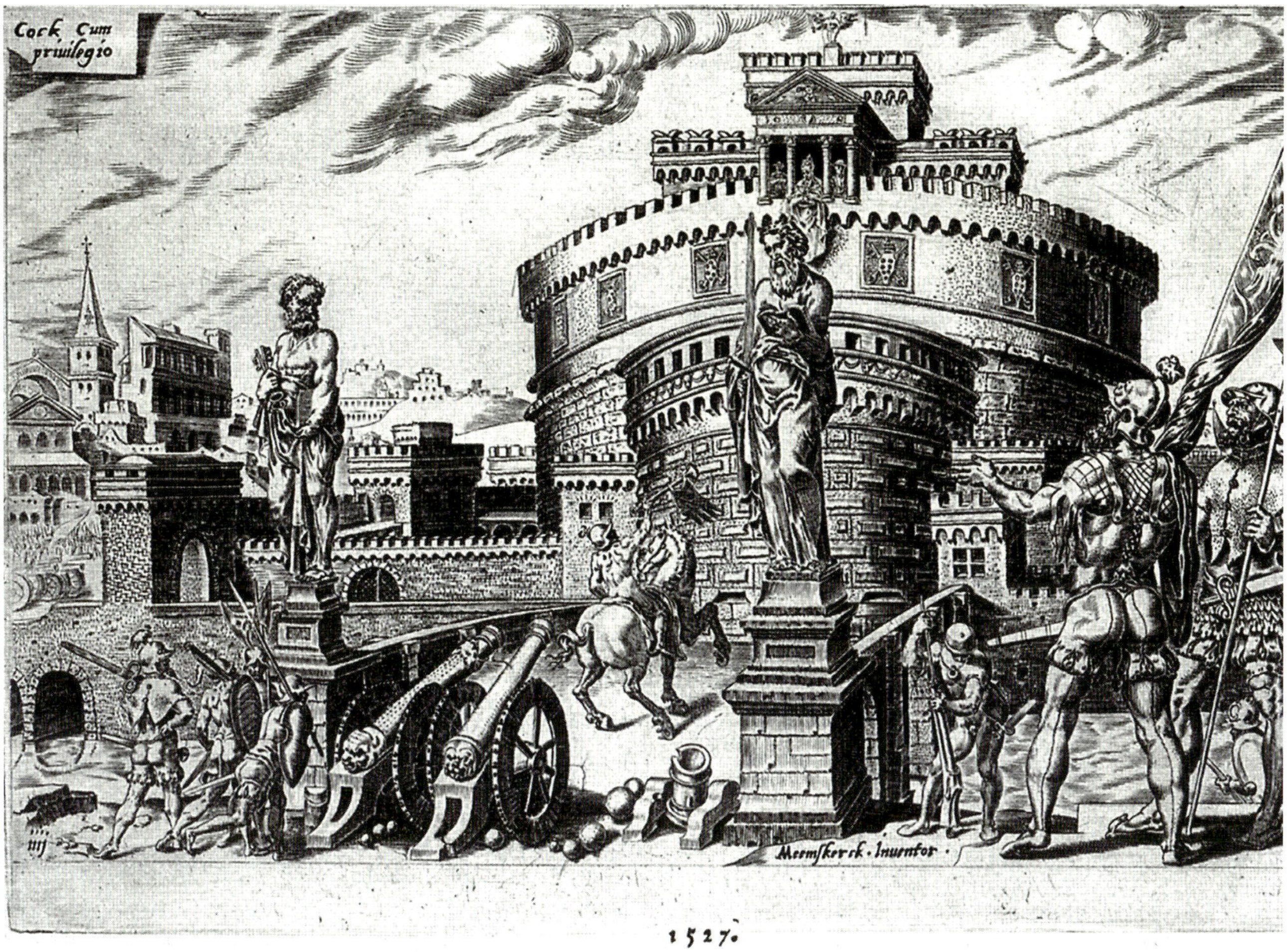

CAPTA VRBE, ADRIANI PRÆCELSA IN MOLE TENETVR

Die innerevangelischen Einigungsbemühungen in Marburg fanden also in einer Zeit statt, in der mehrere Fragen offen standen und auf eine Entscheidung drängten. Karl V. suchte die drängendsten Probleme – Hilfe in den Türkenkriegen und die Religionsfrage – gleichermaßen zu einer Klärung zu bringen, als er am 21. Januar für das Jahr 1530 zu einem neuen Reichstag nach Augsburg lud. Dabei schlug er durchaus moderate Töne an. Beide Seiten, so erklärte er im Reichstagsausschreiben, sollten ihre »opinion und maynung«[2] darlegen. Die weitere Entwicklung zeigte, dass nur die eine Seite, die evangelische, diese Aufforderung auf sich bezog. Über Monate hinweg wurde an Texten gearbeitet, in denen die evangelische Position erläutert werden sollte. Schon der Vereinbarung von Marburg hatten von Seiten der Wittenberger die Schwabacher Artikel zugrunde gelegen, auf die sich Sachsen, Brandenburg-Ansbach und Nürnberg verständigen konnten, nicht aber Ulm, Straßburg und – das war politisch der gewichtigste Faktor – Hessen. Dennoch blieben sie zunächst in Sachsen Grundlage der weiteren Ausarbeitung einer Darlegung der eigenen »opinion«, soweit es die Lehrfragen anging. Die Fragen der Kirchengebräuche wurden am 27. März 1530, kurz vor dem Reichstag, von den wichtigsten sächsischen Theologen in Torgau beraten, und auf ihrer Grundlage arbeitete Melanchthon die sogenann-

Maarten van Heemskerck: Landsknechte vor der Engelsburg

Im Mai 1527 wurde im »Sacco di Roma« die Ewige Stadt von Landsknechten geplündert.

Maarten van Heemskerck: Landsknechte vor Castel Sant'Angelo.

Überreichung der Augsburgischen Konfession an Kaiser Karl V. am 25. Juni 1530
Auf dem Augsburger Reichstag von 1530 vertraten die protestantischen Stände ihren Glauben in der *Confessio Augustana* – der Kupferstich aus dem 17. Jahrhundert stellt ihre Überreichung an den Kaiser am 25. Juni 1530 dar.

ten Torgauer Artikel aus, deren genauer Umfang freilich nicht ganz geklärt ist. Die weitere Ausarbeitung einer »Apologie« erfolgte wiederum federführend durch Melanchthon, der ab dem 2. Mai in Augsburg war, während Luther auf der Coburg, im südlichsten Zipfel Sachsens, festsaß. Eine Weiterreise wäre für den Geächteten zu riskant gewesen. Die geringste der Aufgaben war dabei das literarische Bemühen, einen Text zu erstellen, der sowohl die Lehrfragen als auch die Fragen der Kirchengebräuche behandelte und zudem in einer Vorrede die diplomatische Situation deutete und nutzte. Schwieriger waren die theologischen Rücksichtnahmen in unterschiedliche Richtungen: Einerseits hatte Johannes Eck noch einmal durch seine »404 Artikel« die theologischen Angriffe der altgläubigen Seite verschärft und den Druck erhöht. Andererseits wurde das Bemühen immer deutlicher, nicht nur eine sächsische Apologie vorzulegen, sondern ein möglichst breites Bündnis hinter einem Text zu versammeln. Das hieß aber konkret: Man musste eine Fassung finden, der auch oberdeutsche Städte, vor allem aber Philipp von Hessen zustimmen konnte, ohne dass die Wittenberger Theologen ihre Position – insbesondere bezüglich der Abendmahlsfrage – ganz aufgaben. Die hektischen Beratungen haben nicht nur eine der geänderten Situation angepasste neue Vorrede hervorgebracht, die der sächsische Hofrat und vormalige Kanzler Gregor Brück (1483–1557) beisteuerte, sondern auch noch einmal eine intensive Arbeit am Text selbst nötig gemacht. Noch in der Nacht vor der Verlesung auf dem Reichstag am 25. Juni 1530 nahm Melanchthon redaktionelle Bearbeitungen vor.

Das Ergebnis, die *Confessio Augustana*, fügt zwei Teile zusammen, in denen sich noch die unterschiedlichen Schwerpunkte der Schwabacher und der Torgauer Artikel widerspiegeln: Die ersten 21 Artikel handelten von Glaube und Lehre. Das Bemühen, Einigkeit mit der altgläubigen Seite nicht nur zu behaupten,[3] hat sicher manche Rücksichtnahme bewirkt. Martin Luther, der von der Coburg aus keinen nennenswerten Einfluss auf das Geschehen in Augsburg nehmen konnte, hat nicht nur halb bewundernd, halb kritisch festgestellt, er könne nicht so leise treten wie Melanchthon;[4] Wochen nach der Überreichung des Textes hat er auch aufgelistet, was in ihm alles an strittigen Fragen fehlte: das Fegefeuer, die Heiligenverehrung und vor allem die Lehre vom päpstlichen Antichrist.[5] Schon dieses Monendum zeigt, dass auch einzelne Formulierungen der *Confessio Augustana* von der Vorsicht im Umgang mit dem Gegenüber geprägt sind. So handelte der 21. Artikel durchaus »Vom Dienst der Heiligen«, aber vermerkte nur in aller Vorsicht, dass die Heiligen einerseits als Vorbild dienen könnten, andererseits aber durch die Schrift nicht zu beweisen sei, dass man sie anrufen oder bei ihnen Hilfe suchen solle. Das war nach den bisherigen theologischen Aussagen zur Alleinigkeit Christi in der Tat wenig. Selbst beim Abendmahl wurde nicht ohne Blick auf die Altgläubigen geschrieben: In der deutschen Fassung des zehnten Artikels klingt mit der Formulierung »unter der Gestalt des Brots und Weins«[6] sehr deutlich der Wortlaut des IV. Lateranums an: *»sub speciebus panis et vini«*.[7] Nicht umsonst war es gerade dieser Artikel, der auch nach allen Verhandlungen noch Philipp von Hessen die Unterschrift schwer machte. Gleichwohl war die neu formierte evangelische Theologie schon in diesen Lehrartikeln deutlich erkennbar, deren theologisches Zentrum die Lehre von der Rechtfertigung aus Gnade durch den Glauben (Art. 5) darstellte. Es wurde ein evangelisches Kirchenverständnis entwickelt, das zur Einheit keiner bestimmten äußeren Riten bedurfte, sondern allein der reinen Predigt des Evangeliums und der evangeliumsgemäßen Reichung der Sakramente (Art. 7). Dabei ging aus dem Text zugleich hervor, dass von einer Siebenzahl der Sakramente nicht mehr zu reden war. Ausdrücklich wurde die Differenz zu den Altgläubigen im zweiten Teil der *Confessio Augustana* (Art. 22–28) benannt, in den Artikeln, »von welchen Zweispalt ist, da erzählet werden die Mißbräuch, so geändert seind«.[8] Rückwirkend sollte hier be-

schrieben werden, was die unterzeichnenden Stände getan hatten und was nach der gemeinsamen Lehrgrundlage nicht mehr darstellen sollte als die Korrektur von Unziemlichem. Die Inhalte dieser langen sieben Artikel aber hatten es in sich: Von beiderlei Gestalt des Sakramentes wurde da gehandelt, von Priesterehe und Messe, zuletzt auch von der Gewalt der Bischöfe: Selbst wenn man in Fragen der Lehre tatsächlich einen Einheitstext vorgelegt haben sollte, so wäre doch spätestens hier deutlich geworden, dass das, was den Evangelischen als Korrektur von Missbräuchen erschien, einen tiefen Eingriff in die mittelalterliche Kirchenstruktur darstellte.

Der theologische Charakter all dieser Ausführungen hat der *Confessio Augustana* bis heute den Status als grundlegende Bekenntnisschrift des Luthertums und Bezugspunkt ökumenischer Gespräche bewahrt. Zunächst und vor allem aber ist sie ein reichsrechtlicher Text, und so sind auch ihre Unterzeichner nicht etwa die Theologen, sondern eine illustre Reihe von politischen Verantwortungsträgen: allen voran natürlich als der Ranghöchste Johann der Beständige, mit ihm auch sein Sohn Herzog Johann Friedrich, dazu der Markgraf Georg von Brandenburg-Ansbach (1526–1543), die Herzöge Ernst (1520–1546) und Franz von Lüneburg (gest. 1549), Landgraf Philipp von Hessen, Fürst Wolfgang von Anhalt (gest. 1566) sowie die zwei Reichsstädte Nürnberg und Reutlingen. Im Laufe des Juli haben sich dann noch Windsheim, Heilbronn, Kempten und Weißenberg angeschlossen. Es war also durchaus eine beeindruckende Vereinigung zustande gekommen – allerdings war es nicht gelungen, alle evangelisch Gesinnten zusammenzuführen. Am 9. Juli 1530 legten Straßburg, Konstanz, Lindau und Memmingen die *»Confessio Tetrapolitana«* (Vierstädtebekenntnis) vor, die vor allem wegen der Abendmahlsfrage nötig geworden war. Einen Tag zuvor hatte der Kaiser auch Zwinglis *»Fidei ratio«* erhalten, die allerdings rechtlich nicht mehr war als ein Privatbekenntnis. Beides beeindruckte die altgläubige Seite freilich noch weniger als die *Confessio Augustana* selbst: In einem mehrstufigen Prozess wurde eine *Confutatio* (Widerlegung) erstellt, die durchaus gewisse Gemeinsamkeiten mit der *Confessio* hervorhob, aber auch die Unterschiede in aller Schärfe markierte. Vom kaiserlichen Sekretär verlesen, galt sie als offizielle Stellungnahme Karls V., der von den evangelischen Ständen die Annahme der *Confutatio* forderte. Die Apologie der *Confessio*, die hauptsächlich Melanchthon erarbeitete, wurde vom Kaiser nicht mehr entgegengenommen. Er erklärte das evangelische Bekenntnis für widerlegt, und der Reichsabschied, der am 19. November nach Abreise der Evangelischen erlassen wurde, schärfte noch einmal das Wormser Edikt ein; Ungehorsame sollten durch das Reichskammergericht belangt werden. Damit hatte der Augsburger Reichstag für die evangelische Seite einen doppelten Ausgang: Durch die *Confessio* und ihre Apologie war in beeindruckender Klarheit die gemeinsame Bekenntnisgrundlage geschaffen worden – eine rechtliche Anerkennung aber blieb versagt und war auch auf absehbare Zeit nicht zu erhoffen.

Angesichts dessen mussten die reformatorischen Stände um ihren friedlichen Bestand besorgt sein. Entsprechend traten sie in Planungen für ein Schutzbündnis ein. Dazu mussten freilich auch theologische Hemmnisse überwunden werden: Mit der Betonung, dass die Obrigkeit von Gott eingesetzt sei, vertrug sich die Planung von Widerstand gegen den Kaiser schlecht, und so lautete ein Gutachten, das Luther nach Beratungen mit Justus Jonas, Melanchthon und Bugenhagen bereits im März vorgelegt hatte: Ein Christ solle eher Gewalt und Unrecht leiden, als sich seiner Obrigkeit entgegenzustellen.[9] Erst der vom Kurfürsten eingeholten juristischen Auskunft beugten sich die Theologen: Wenn der Kaiser in Religionsdingen befehle, so handle er gar nicht als Obrigkeit, weil ihm dies nicht zustehe. Auf dieser Grundlage war auch Luther im Herbst 1530 bereit, dem juristischen Urteil zu folgen – und der Weg war frei für die Bildung des Schmalkaldischen Bundes.

Die größte Leistung des Bundes, der sich in seinem Bundesvertrag vom 27. Februar 1531 nicht auf eine bestimmte Bekenntnisformulierung festlegte, sondern allein auf den Schutz der Verkündigung von Gottes Wort, war, dass er neben den an der *Confessio Augustana* orientierten Ständen auch Oberdeutsche umfasste: Zu den Unterzeichnern gehörten auch Straßburg, Memmingen, Konstanz und Lindau – jene vier Städte, die die *Confessio Tetrapolitana* vorgelegt hatten. Langfristig war für sie die Hinwendung zu den starken mitteldeutschen Territorien die offenkundig tragfähigere Variante. Noch im selben Jahr sollte sich zeigen, wie prekär die politische Situation für Zürich, die wichtigste Stadt des Südwestens, war: Nachdem es in den kriegerischen Auseinandersetzungen zwischen altgläubigen und reformatorischen Orten in der Schweiz 1529 noch zu einem vorläufigen Landfrieden gekommen war, erlitten die Evangelischen bei Kappel am 11. Oktober 1531 eine verheerende

Niederlage, in der auch Zwingli fiel. Auch wenn er in Heinrich Bullinger (1504–1575) einen reflektierten und tatkräftigen Nachfolger erhielt, war die Schweizer Reformation doch auf längere Sicht auf sich zurückgeworfen.

Mit dem Bündnisschluss war ein entscheidendes politisches Manko der evangelischen Seite vorerst behoben und die äußere Grundlage für ein lang anhaltendes Vordringen der Reformation gelegt. Auch die theologische Disparatheit aber sollte überwunden werden: Insbesondere Philipp legte, in Zusammenarbeit mit Melanchthon und Bucer, Wert darauf, die Differenzen in der Abendmahlsfrage beizulegen. Im Dezember 1534 führte er beide zu Verhandlungen in Kassel zusammen, um die Hauptdifferenz – die Frage, ob Jesus Christus leiblich mit den Elementen gegeben werde, wie die Wittenberger es lehrten – zu einer einheitlichen Lösung weiterzuentwickeln. Die langwierigen Verhandlungen spitzten sich schließlich auf die Frage zu, ob für die Gegenwart Christi der Glaube eine Voraussetzung sei, wie es die Oberdeutschen verstanden, ob also eine *manducatio impiorum* (eine Einnahme des Leibes und Blutes Christi durch Ungläubige) ausgeschlossen sei oder nicht. Für die Wittenberger war die Gegenwart Christi von Bedingungen auf Seiten des Menschen un-

Schloss von Schmalkalden
In Schmalkalden wurde der Schmalkaldische Bund zum Schutz der Verkündigung des Wortes Gottes im evangelischen Sinne gegründet.

abhängig. Schließlich konnten sich beide Seiten darauf verständigen, dass jedenfalls auch die Unwürdigen tatsächlich Jesus Christus im Abendmahl empfingen (*manducatio indignorum*), und mit dieser feinen Differenzierung konnte ein Kompromiss beschlossen werden, demzufolge auch Luther die Gemeinsamkeit mit den Oberdeutschen anerkennen musste. Letztlich folgte er damit in theologischen Zusammenhängen dem Muster einer dissimulierenden Formel – die Wittenberger verstanden die *manducatio indignorum* durchaus in dem Sinne, dass damit die Ungläubigen gemeint seien, doch war die Formulierung offen genug, dass die Oberdeutschen sich diese Auffassung nicht zu eigen machten mussten.

Ausweitung der Wittenberger Reformation

Die durch den Schmalkaldischen Bund gegebene Sicherung ermöglichte in den dreißiger Jahren vielen Städten – etwa Ulm 1532 oder Augsburg 1534/37 – die Einführung der Reformation, vor allem aber auch gewichtigen Territorien. Ein in mancher Hinsicht wichtiger Baustein für Ausbau und Konsolidierung der Reformation war der Übergang Württembergs zur Reformation. Die Bedeutung dieses Schrittes lag unter anderem in der machtpolitischen Konstellation: Dass Philipp von Hessen Ulrich von Württemberg militärisch den Weg zurück in sein Herzogtum ermöglichte, war auch ein Schlag gegen die Vorherrschaft der Habsburger. Zugleich war mit dieser Aktion nun in eben jenem Raum, in dem die oberdeutsch geprägte Reformation sich in den Städten ausgebreitet hatte, im Südwesten, auch ein namhaftes Territorium für die Reformation gewonnen.

Diese spezifische Konstellation sollte nun auch der Württemberger Reformation ihr Gesicht geben: Aufgabe Württembergs war es, im reformatorischen Handeln einen Weg zu finden, der nicht von der lutherischen Linie, die im Schmalkaldischen Bund dominierte, abwich und doch für die Städte im Umfeld genügend reformatorische Gemeinsamkeiten signalisierte. Bis in die Personalauswahl ist dieses Bemühen zu beobachten: Ulrich berief gleich zwei Reformatoren, die Schwerpunkte in unterschiedlichen Bereichen des Landes hatten, wichtige Maßnahmen aber auch zusammen durchzuführen hatten. Philipp gab ihm seinen Hofprediger Erhard Schnepf mit, der selbst aus dem Südwesten stammte und bereits 1525 an einer Erklärung schwäbischer Reformatoren, dem *Syngramma Suevicum*, beteiligt gewesen war; darin hatte man eine symbolische Abendmahlslehre abgewiesen. Ihm zur Seite trat Ambrosius Blarer, zuvor Reformator von Konstanz und mithin einer der Vertreter der oberdeutschen Theologie, wenn auch, wie sich bald zeigen sollte, in deren Reflexion nicht der Stärkste.

Die Ereignisse in Württemberg erhielten ihre Dynamik vor allem von der zunehmend führenden Figur im Südwesten: Nach Zwinglis Tod war diese Rolle Martin Bucer zugefallen. Seine Briefe legen Zeugnis von dem weitreichenden Netzwerk ab, das er hier für die Entfaltung der Reformation auf- und ausbaute. Viele der Entscheidungen, die zu treffen waren, waren über ihn vermittelt. So hat auch Ambrosius Blarer im Zusammenhang der württembergischen Umgestaltungen Rat bei dem Straßburger gesucht und erhalten. Bucer schickte Blarer gleich ein ganzes Konvolut von Unterlagen zum Abendmahl zu, und dieser griff, in der Meinung, es handle sich um eine für die oberdeutsche Theologie akzeptable Fassung, hieraus eine Formulierung auf, die in weniger gebräuchlichen Wendungen die Präsenz Christi beschrieb – tatsächlich aber hatten die Schweizer sie schon in Marburg abgelehnt. Nun aber bot Blarer sie Schnepf als Grundlage für eine Verständigung an, und dieser, in Marburg selbst Zeuge der Geschehnisse, griff gerne zu – so entstand mehr aus theologischem Unvermögen Blarers als aus beiderseitigem Verhandlungsgeschick 1534 die sogenannte »Stuttgarter Konkordie«. Angesichts dessen, dass so die

Wittenberger Lehre für das Abendmahl festgehalten war, fällt es umso mehr auf, dass die zwei Jahre später erlassene Württemberger Kirchenordnung im liturgischen Vollzug des Abendmahls ein ganz überwiegend oberdeutsches Gepräge festlegte – ein Wittenberger Abendmahlsverständnis in oberdeutschem Gewand. Auch in einer anderen Frage setzte sich die oberdeutsche Gestalt durch: Nach zähem Ringen auf dem »Uracher Götzentag«, auf dem im September 1537 die beiden Positionen zur Bilderfrage scharf aufeinanderprallten, gab der Herzog am 7. Oktober 1537 einen Erlass heraus,[10] der als klarer Sieg der oberdeutschen Seite angesehen werden kann: Alle Bilder sollten – auf geordnetem Wege – aus den Kirchen entfernt werden.

Neben den Zufälligkeiten, die eine Rolle bei dieser Entwicklung spielten, wird man diese Besonderheit der württembergischen Reformation auch auf die historische Gesamtlage beziehen können, in der sie stattfand: Im Vordergrund stand in den dreißiger Jahren nicht mehr der drängende Durchbruch zur Umgestaltung der Kirche wie in Sachsen und Hessen. Dort hatte man noch mit Formen der Umsetzung experimentiert und war sich des faktischen Bruchs des Kirchenrechts sehr bewusst – so bewusst, dass Philipp von Hessen seine Maßnahmen sogar noch legitimierend absicherte, indem er 1528 einen Vertrag mit dem Erzbischof von Mainz schloss und sich von diesem die Jurisdiktionsrechte abtreten ließ. In Württemberg stellten sich die Fragen anders: Für den kalkulierten Rechtsbruch waren Modelle gegeben. Man musste sich nicht nur vom Alten absetzen, sondern auch seinen Ort in einer partiell schon umgestalteten religiösen Landschaft finden. Das hieß für Württemberg: Eben jener Spagat, der den Übergang des Herzogtums zur Reformation für den Schmalkaldischen Bund so attraktiv machte, musste sich auch in der Kirchengestaltung umsetzen. Wer im Umfeld Württembergs in einer im Typus oberdeutscher Reformation geprägten Reichsstadt lebte, hatte schon einigermaßen klare Vorstellungen davon, wie eine reformatorische Kirche aussah – nämlich in der Regel ohne Bilder – und wie ein Gottesdienst abzulaufen hatte. Gerade an den beiden Punkten, an denen sich die oberdeutsche Reformation von der Wittenberger markant unterschied, machte Herzog Ulrich in den äußerlich wahrnehmbaren Erscheinungen Zugeständnisse – nicht aber in der Theologie vom Abendmahl. Ziel des Herzogs war es, in das Umfeld hinein unverkennbar zu signalisieren, dass das, was in Württemberg stattfand, tatsächlich dem entsprach, was nun schon in den wenigen Jahren als Reformation vertraute Gestalt gewonnen hatte. Die reformatorischen Maßnahmen waren damit nicht nur Ausdruck von theologischen Dissensen, sondern auch von nach außen getragener Symbolik, die reformatorische Identität signalisieren sollte. In diesen Zusammenhang passt es dann auch, dass Ulrich zu derselben Zeit, zu der er die alten Bilder abschaffte, durchaus den Auftrag für einen neuen Altar gab: Der Mömpelgarder Altar lässt sich mit hoher Wahrscheinlichkeit mit ihm verbinden. Der scheinbare Widerspruch ist nur dadurch auflösbar, dass man hier nun tatsächlich auf den ersten Blick merkte, dass der Altar einem neuen Verständnis folgte – nicht nur weil das Bildprogramm komplett biblisch war, sondern vor allem weil in ihm der auf jeder Tafel breit und mit Belegstelle ausgeführte Bibeltext die bildnerische Darstellung geradezu dominierte. Die vielen Bilder, die auf diesem Altar fast unübersichtlich zusammengestellt waren, hatten klar erkennbar nicht die Funktion verehrt zu werden, sondern dienten der Illustration des biblischen Textes – auch auf diese Weise konnte die neue reformatorische Gesinnung symbolisiert werden.

Württemberg zeigt die neue Phase territorialer Reformation an, die zugleich eine weitere Vervielfältigung reformatorischer Modelle mit sich brachte – je nach Lage und Interesse der Landesherren. So wie man in württembergischen Kirchen sehr rasch offenkundig sah, dass sie der Reformation geöffnet worden waren, hat auch Heinrich V. (1539–1541), als er 1539 die Nachfolge seines verstorbenen Bruders Georgs

KREUZIGUNGSSZENE DES MÖMPELGARDER ALTARS

Der Mömpelgarder Altar: Das Bild dient nach reformatorischem Verständnis dem Wort.

des Bärtigen im albertinischen Herzogtum Sachsen antrat, energisch die Reformation eingeführt und sich dabei eng an den Schmalkaldischen Bund gehalten. Eine Überraschung war das nicht: Heinrich hatte schon zuvor in der ihm zugefallenen kleinen Herrschaft Freiberg und Wolkenstein die Reformation eingeführt. Entsprechend hatte Georg noch alles darangesetzt, den nach dem Tod seiner Söhne zu erwartenden Regierungsantritt seines Bruders zu verhindern.

Deutlich anders verliefen die Ereignisse in Brandenburg. Hier konnte man, in markantem Unterschied zu den Verhältnissen in Württemberg, in der zentralen Kirche des Kurfürstentums, der Cöllner Residenz-Hofkirche, noch während der allmählichen Zuwendung Kurfürst Joachims II. (1535–1571) zur Reformation den Eindruck gewinnen, sich in einem altgläubigen Gebäude zu befinden. Erst spätere Überarbeitungen haben das Bildprogramm dieser 1536 geweihten Kirche durchweg protestantisiert, das heißt: auf Darstellungen der Passion Christi und damit zentrale Motive der biblischen Heilsgeschichte konzentriert. Diese Motive hatten in der Tat schon früher die Mitteltafeln der Altäre dominiert, waren aber ursprünglich mit Seitentafeln verbunden, die ein ganzes Programm von Heiligendarstellungen repräsentierten. Ausführender dieses Bildprogramms, das gerade im Unterschied zu dem Mömpelgarder Altar nicht das Neue betonte, sondern eine unverkennbare Kontinuität bewahrte, war – Lucas Cranach mit seiner Werkstatt.[11] Mag man dem Maler der Reformation bei diesem Handeln auch nüchternen Geschäftssinn unterstellen, so ist auf Seiten des Kurfürsten wiederum – ganz ähnlich wie bei Ulrich von Württemberg, wenn auch mit anderer Ausrichtung – eine politisch-religiöse Symbolik in Rechnung zu stellen. Er signalisierte einerseits, dass sich nicht zu viel änderte – andererseits gewann er gerade so auch einen freien Rücken für tatsächliche Änderungen. Am Allerheiligentag 1539 ließ er sich vom Brandenburger Bischof Matthias von Jagow (1526–1544) das Abendmahl unter beiderlei Gestalt reichen, im selben Jahre wurde es für die Untertanen freigegeben. Dies ist auch ein markantes Merkmal der Kirchenordnung des Jahres 1540, die ihren evangelischen Charakter vor allem durch eine klare lutherische Rechtfertigungslehre erhielt, gleichzeitig aber in vielen zeremoniellen Fragen auffällig konservativ agierte. So wurden etwa Marienfeste, verschiedene Heiligenfeste und sogar der Fronleichnamstag beibehalten. Kirchlich sollte es wohl zunächst bei der Bischofsverfassung bleiben, die freilich in Brandenburg ohnehin schon längst eine weitgehend von Rom gelöste Ordnung nach Landesbistümern darstellte – also den reformatorischen Impuls in die spätmittelalterliche Form gegossen hätte. Dies ließ sich aber nicht durchsetzen, und so kam es auch in Brandenburg zur Einführung von Superintendenten und einem Generalsuperintendenten, dem 1543 ein von Juristen und Theologen besetztes Konsistorium an die Seite gestellt wurde. All dies zeigt an, dass es zu den Besonderheiten der zweiten Welle territorialer Reformation auch gehören konnte, dass der Weg zur Reformation lang und vielfältig absichernd beschritten wurde – Kurbrandenburg rutschte mehr und mehr in das evangelische Lager und machte so den Transformationscharakter der Reformation auch für seine Bevölkerung erlebbar. Joachim II. stand damit auch keineswegs allein: Ähnlich war schon seit 1532 Johann III. (1511–1539) von Jülich-Kleve-Berg, ebenfalls in Anknüpfung an spätmittelalterliche Gegebenheiten, vorgegangen.

Dass in der reformatorischen Entwicklung durchaus noch die Frage offenstand, in welchem Ausmaß man die alte Kirchenstruktur aufheben wolle, zeigt eine andere Erscheinung, die freilich längerfristig nur den Charakter als Episode behalten sollte. Tatsächlich kam es in zwei Fällen zur Besetzung alter Bistümer mit evangelischen Bischöfen. Nikolaus von Amsdorf, Luthers Weggefährte aus den frühesten Wittenberger Tagen, wurde im Januar 1542 Bischof von Naumburg, und Georg III. von Anhalt (1507–1553) übernahm 1545 dasselbe Amt in Merseburg. Vor allem Georg sah sein Bischofsamt als eine kontinuier-

Grabplatte Amsdorffs aus der Georgenkirche in Eisenach

Der »exul Christi« des Nikolaus von Amsdorff.

liche Fortführung der spätmittelalterlichen Reformfrömmigkeit, die er bei seinem Onkel und Amtsvorgänger Adolf von Anhalt (gest. 1526) erlebt hatte. Seine Entwicklung zur reformatorischen Frömmigkeit stellte er nicht als Bruch mit dem Herkommen dar, sondern als eine konsequente Erfüllung schon lange gehegter Reformwünsche.[12] Die offenkundige Anknüpfung an die alte Kirche, die mit den Bischofsbesetzungen signalisiert wurde, ist freilich auch an die spezifischen spätmittelalterlichen Gegebenheiten im sächsischen Raum gebunden: Beide Bistümer waren längst zu typischen Landesbistümern geworden, und die benachbarten Fürsten nutzten ihre traditionellen Einflussmöglichkeiten. Insbesondere Johann Friedrich, der Kurfürst von Sachsen, ignorierte bei der Einführung Amsdorffs brüsk die tradierten Rechte des Naumburger Domkapitels, das sich für Julius Pflug (1499–1564) entschieden hatte.

Faktisch war in der Folgezeit Amsdorff der für das ernestinisch-kurfürstliche Sachsen zuständige Bischof, Georg der am albertinisch-herzoglichen Sachsen ausgerichtete Bischof. Obwohl allein schon die Tatsache, dass beide aus adeligen Familien stammten, zeigt, dass man auf die Rolle der Bistümer in der Reichsverfassung Rücksicht nahm, war die Ausübung ihres Amtes deutlich neu bestimmt. Ihnen oblagen allein die geistlichen Angelegenheiten, was insbesondere Amsdorff vielfach belastet hat, da der weltliche Stiftshauptmann Melchior von Creutzen ihm wenig Freiräume ließ. Welche Möglichkeiten längerfristig in diesen Entwicklungen gelegen hätten, lässt sich freilich nur spekulieren – beide Bischöfe mussten im Zuge der bald einsetzenden kriegerischen Entwicklungen ihr Amt aufgeben. Amsdorff hat sich von da an stets als »exul Christi« bezeichnet.

Nicht nur innerhalb des Reiches breitete sich die Reformation aus. Tatsächlich hatte sogar schon vor den reformatorischen Maßnahmen in Hessen und Sachsen Albrecht von Brandenburg (1490–1568), der Hochmeister des Deutschen Ordens, den im späten Mittelalter von diesem Ritterorden etablierten geistlichen Staat in ein weltliches Territorium verwandelt und selbst den Orden verlassen. Zugleich mit dieser Säkularisierungsmaßnahme wurde – unterstützt von den Landesbischöfen Georg von Polenz (1519–1559) und Erhard Queiß (1523–1529) – auch die Reformation durchgeführt, die durch Visitationen eine ähnlich starke landesherrliche Struktur erhielt wie in den Kerngebieten des Reichs.

Vor allem aber etablierte sich in Skandinavien und nach zähem Ringen auch auf der zu Norwegen gehörenden Insel Island eine an Wittenberg orientierte Reformation, die ihr eigenes Gepräge bewahrte. Zur entscheidenden Gestalt in Schweden, dessen Königtum sich erst 1521–1523 aus der seit 1397 bestehenden Union mit Dänemark und Norwegen gelöst hatte, wurde dabei Olaus Petri (1493–1552), der gerade in den bewegten Jahren 1516–1518 in Leipzig und Wittenberg studiert hatte und sich durch seine Eheschließung 1525 offensiv zur Reformation bekannte. Entscheidend wurde für die Durchsetzung der Reformation der Reichstag von Västerås 1527, der die Verwaltung des Kirchenguts in die Hand des Königs legte, ihm die kirchlichen Amtsträger unterstellte und die reine Predigt des Evangeliums anordnete. Bei der Krönung Gustavs I. (1521/23–1560) ordnete Petri diese Vorgänge in ein reformatorisches Obrigkeitsverständnis ein. Als Kanzler des Königs konnte er in den ersten Jahren die Reformation in Schweden mitgestalten. Er wirkte dabei mit seinem Bruder Laurentius Petri (1499–1573) zusammen. Dieser war 1531, zwar ohne päpstliche Anerkennung, aber unter Mitwirkung eines nach den Bestimmungen der alten Kirche rechtmäßigen Bischofs, zum Erzbischof geweiht worden. Olaus geriet allerdings in den dreißiger Jahren in einen scharfen Konflikt mit dem König, weil dieser in seinen Augen die Rechte der Bischöfe zu sehr beschnitt. In einem langen Prozess, der 1571 zu einer weitgehend von Laurentius Petri in konservativem Sinne entworfenen evangelischen Kirchenordnung führte, kam es schließlich 1593, nach dem Tod des mit dem Katholizismus sympathisierenden Königs Johann III. (1568–1592), auf der Synode von Uppsala zur Sicherung des evangelischen Bekenntnisses. So entstand in Schweden eine Kirche, die auf der Basis lutherischer Theologie Formen mittelalterlicher Frömmigkeit wie Heiligentage und liturgische Gewänder beibehielt, dabei aber vom Papst getrennt war und unter der starken Leitung durch den König stand.

In Finnland, das zu Schweden gehörte, entwickelte sich eine eigene reformatorische Bewegung, in deren Mittelpunkt Mikael Agricola (1508–1557) stand, der 1536–1539 in Wittenberg studiert hatte und 1554 Bischof wurde. Seine Bedeutung reichte dabei weit über den kirchlichen Bereich hinaus – in einem Land, dessen Amtssprache Schwedisch war, legte er Grundsteine für die Pflege einer finnischen Schriftsprache, wozu neben einer Übersetzung des Neuen Testaments auch ein ABC-Buch beitrug.

Demgegenüber gab es in Norwegen nur geringe Neigungen zur Reformation, ehe sie durch den dänischen König eingeführt wurde. Doch auch dann stieß sie in der vorwiegend ländlichen Bevölkerung Norwegens noch lange Zeit auf anhaltenden Widerstand. Schon unter Friedrich I. (1523–1533) wurde in Dänemark selbst

Johannes Bugenhagen
Der Wittenberger Stadtpfarrer Johannes Bugenhagen trug zur Ausbreitung der Reformation bis nach Skandinavien bei.

die Kirche von Rom gelöst – insbesondere im Blick auf die Berufung von Bischöfen. Die eigentliche Hinwendung zur Reformation aber brachte sein Sohn Christian III. (1534/36–1559), der unter dem Vorwurf, den Bürgerkrieg entfesselt zu haben, in dessen Verlauf er gerade erst seine Macht gesichert hatte, 1536 die altgläubigen Bischöfe verhaftete und das Kirchengut einzog. Ihre förmliche Entlassung auf dem Herrentag desselben Jahres wurde mit dem Beschluss versehen, neue christliche Bischöfe und Superintendenten einzusetzen. Hierzu kam Hilfe aus Wittenberg. Der Stadtpfarrer Johannes Bugenhagen hatte sich schon vielfach für die Ausbreitung der Reformation engagiert: In Braunschweig, Hamburg und Lübeck, vor allem aber 1534–1535 in seinem Heimatland Pommern. Nun beteiligte er sich an dem Aufbau einer neuen Kirchenorganisation in Dänemark, indem er sieben Superintendenten ordinierte, denen später der Titel eines Bischofs übertragen wurde. Anders als in Schweden knüpfte man also nicht durch Weihe an die alte Hierarchie an, sondern signalisierte einen deutlichen Neuanfang auch in dieser Frage. Gemeinsam aber war beiden skandinavischen Ländern die starke Rolle des Königs in der neugebildeten Landeskirche. So bedeutete die Ausbreitung der Reformation Wittenberger Typs auch eine Pluralisierung ihrer Gestaltungen: Die Auffassung aus dem siebten Artikel der *Confessio Augustana,* nach der zur Einheit der Kirche die reine Predigt des Evangeliums und die evangeliumsgemäße Reichung der Sakramente genügten, bildete die verbindende Klammer um je nach religiöser und politischer Lage sehr unterschiedliche Formen von Kirche. Die Vielfalt aber prägte sich noch mehr aus, als sich mit Calvin eine Neuformierung der Theologie Schweizer Typs herauskristallisierte, die dauerhaft zur Bildung einer eigenen Konfession führte.

Ein neues Zentrum: Calvins Genf

Die Reformation hatte in Genf bereits begonnen, ehe Johannes Calvin (1509–1564) in die Stadt kam, mit deren Namen er dann dauerhaft verbunden blieb: Eine von dem Prediger Guillaume Farel (1489–1565) angetriebene Gruppe hatte die Mehrheit im Rat erlangt und sowohl die Beauftragten des Herzogs von Savoyen als auch den Bischof von Genf aus der Stadt vertrieben, die sich bis dahin die Herrschaft geteilt hatten. Am 10. August 1535 wurde die Messe abgeschafft, im folgenden Jahr ausdrücklich die Annahme der Reformation erklärt. Im selben Jahr wurde Calvin, der sich eigentlich nur auf der Durchreise befand, zum Bleiben bewogen und für eine führende Rolle in der Genfer Reformation gewonnen.

Damit entstand eine neue Konstellation: Nicht nur, dass die Reformation damit eine wichtige französischsprachige Stadt erreichte, in ihr wurde zugleich in der Durchbruchsphase eine Person führend, die selbst deutlich der zweiten Generation der Reformatoren angehörte. 1509 geboren, war Calvin ein Vierteljahrhundert jünger als Luther und Zwingli. Den Weg zur Reformation hatte er über den Humanismus gefunden. Den ersten Konflikt mit der alten Kirche erlebte er als Berater und Freund des Pariser Universitätsrektors Nikolaus Cop, den er wohl bei der Abfassung einer am 1. November 1533 gehaltenen Rede unterstützt hatte, die wegen ihrer deutlichen Bezüge auf Erasmus und Luther massiven Anstoß erregte. Beide flohen aus Paris, und Calvin erwies sich durch die Abfassung der *»Christianae religionis Institutio«* als scharfer Denker der französischsprachigen Reformation. Die im März 1536 in Basel erschienene erste Auflage, die stark katechetisch ausgerichtet war, hat er im Laufe seines Lebens zu dem grundlegenden Lehrbuch der reformierten Theologie, einer umfassenden Summe theologischen Denkens, ausgearbeitet.

In Genf stießen seine und Farels Tätigkeit zunächst auf Schwierigkeiten: 1538 wurden sie aus

JOHANNES CALVIN
Mit ihm entstand in Genf eine neue Variante der Reformation, die weit ausstrahlte.

der Stadt verwiesen, und Calvin ging für einige Zeit nach Straßburg. Doch konnte Calvin – nicht aber Farel – 1541 zurückkehren und war von da an bis zu seinem Tode die zentrale Figur der Genfer Reformation. Für deren kirchliche Struktur wurde die Ämterverfassung prägend, die mit der Genfer Kirchenordnung, den *Ordonnances ecclésiastiques* von 1541, etabliert wurde.

Hiernach sollte es vier Ämter in der Kirche geben: Pastoren, Doktoren, Älteste und Diakone. Die Pastoren hatten die Aufgabe der Verkündigung des Wortes Gottes und der Spendung der Sakramente; die Doktoren sollten der Unterweisung dienen, was sich faktisch hauptsächlich als Schulunterricht gestaltete; und die Diakone hatten umfassende Aufgaben der Sozialfürsorge zu versehen. Schon darin zeichnete sich eine umfassende Kirchengestaltung ab, orientiert an urkirchlichen Idealen und wohl geprägt durch das, was Calvin bei Bucer in Straßburg kennengelernt hatte. Markant für das Antlitz der Genfer Reformation aber wurde das Amt der Ältesten. Ihre Aufgabe war die Aufsicht über die Lebensführung der einzelnen Gemeindemitglieder. So wurden sie wichtigstes Instrument einer strengen Kirchenzucht in Genf. Durch sie sollte der Wille Gottes nicht nur in der Lehre verkündet, sondern auch im Leben durchgesetzt werden. Indem die Ältesten aber strukturell aus den verschiedenen Räten der Stadt berufen wurden, vermischte sich die Aufgabe mit dem kommunalen Bemühen um Sozialdisziplinierung.

Über Jahre hinweg wurde Genf mit großer Strenge religiös regiert und konform gestaltet: Selbst ein Ratsmitglied wie der Spielkartenfabrikant Pierre Ameaux wurde 1546 wegen abschätziger Reden über Calvin zu öffentlicher Buße auf dem Marktplatz gezwungen. Insbesondere aber geriet auch das Privatleben der Genfer Bürger in den Blickpunkt der Kontrolle: Ehebruch und Prostitution, aber auch zu luxuriöser Lebensstil wurden geahndet. Der bekannteste Fall rechtlicher Maßnahmen in Genf betraf allerdings wiederum eine religiöse Abweichung: Michael Servet (1509/1511–1553), ein Spanier, der in mehreren Schriften unter einem Pseudonym eine eigentümliche Gotteslehre vertreten und dabei die christliche Lehre von der Trinität bestritten hatte, war in Vienne verhaftet worden und versuchte über Genf nach Italien zu fliehen – was er dabei nicht ahnte, war, dass wohl Calvin an der Aufdeckung seines Pseudonyms gegenüber den katholischen Behörden beteiligt gewesen war. Nun wurde ihm in Genf der Prozess gemacht, am 27. Oktober 1553 wurde er verbrannt. Dies löste eine intensive Diskussion über Toleranz aus: Sebastian Castellio (1515–1563), ein ehemaliger Weggefährte Calvins, der allerdings schon 1544 Genf verlassen hatte, publizierte 1554 die Schrift »De haereticis an sint persequendi« (»Ob man Häretiker verfolgen solle«) und trat unter anderem unter Berufung auf Martin Luther und den Lutheraner Johannes Brenz für eine Duldung ein. Gleichwohl gab es in ganz Europa für Antitrinitarier in der Frühen Neuzeit nur wenige Freiräume – am bemerkenswertesten ist ihre formelle Anerkennung in Siebenbürgen 1568 und in Polen 1573.

Für Calvins Genf waren aber ganz andere konfessionelle Fragen bedeutsam: Calvin bemühte sich um Verbindungen mit anderen Reformatoren. Eine wichtige Etappe hierfür war der *Consensus Tigurinus*, in dem er am 20. Mai 1549 mit Zwinglis Zürcher Nachfolger Heinrich Bullinger über die Abendmahlsfrage übereinkam. Während der Protestantismus im Reich schwer bedroht war (s. u., S. 140–42), konnten die Schweizer ihre internen Differenzen beheben. Der für die weitere reformierte Lehrbildung entscheidende Schritt war, dass hierdurch gemeinsam eine Abendmahlslehre festgehalten wurde, in der – anders als bei Zwingli – nicht mehr das menschliche Handeln als bekennender Akt im Vordergrund stand, sondern Gottes Handeln. So wie die Sakramente äußerlich Gottes Verheißungen darstellen, gibt Gott auch tatsächlich innerlich seine Gnade. Die Sakramente sind folglich – entgegen der Position Zwinglis – deutlich mehr als bloße Zeichen: »Denn wir bekennen, dass alle, die im Glauben die dort dargebotenen Verheißungen erfassen, Christus mit seinen geistlichen Gaben geistlich empfangen.«[13] Calvin selbst sah in dieser Lehre auch die Anliegen Luthers verwirklicht. Dass aber die Präsenz Christi nicht an die Elemente Brot und Wein gebunden und lediglich für die Erwählten gegeben war, nicht aber für alle, die das Abendmahl empfingen, markierte eine Differenz, die sehr bald in

aller Schärfe von dem Hamburger Pastor Joachim Westphal (gest. 1574) aufgegriffen wurde. Auf Jahrhunderte hinaus blieb die Abendmahlslehre der entscheidende Differenzpunkt zwischen Reformierten und Lutheranern.

Die Außenbeziehungen der Genfer Kirche betrafen nicht nur die Schweiz und Deutschland, sondern, um vieles folgenreicher, auch das westliche Europa. Schon allein sprachlich liegt es nahe, dass besonders der entstehende französische Protestantismus eng mit Genf verbunden war. Nur kurze Zeit hatte Franz I. aufgrund seiner eigenen humanistischen Gesinnung sich den Protestanten gegenüber wohlwollend gezeigt; 1525 hatte ihm Zwingli sogar seinen *Commentarius de vera ac falsa religione* gewidmet. Als aber 1534 von evangelischer Seite bis in die königlichen Gemächer hinein Protestplakate gegen die altgläubige Messe aufgehängt wurden, wendete sich das Blatt. Mit besonderer Schärfe ging sein Nachfolger Heinrich II. (1547–1559) gegen die Protestanten vor. Eine eigene *Chambre ardente* diente der Verurteilung der Protestanten in großer Zahl. Theologisch geprägt waren sie, vor allem durch die Ausbildung der Pfarrerschaft, durch Genf. Theodor Beza (1519–1605), der wichtigste Berater Calvins und Rektor der Genfer Akademie, hielt sich 1560–1563 in Frankreich auf und vertrat 1561 auf dem Religionsgespräch von Poissy den evangelischen Glauben.

Die »Pariser Bluthochzeit« in der Bartholomäusnacht 1572:
ein Symbol für Grausamkeit und Niedertracht der Gegner des Protestantismus. Gemälde von François Dubois.

Heinrich VIII. begründete den eigenen Weg der englischen Kirche – eine reformatorische Theologie entwickelte sich hier erst nach und nach.

Doch wurden die Hugenotten, wie der vermutlich lautlich an das Wort »Eidgenossen« angelehnte Begriff für die französischen Protestanten lautete, in mehreren Religionskriegen bedrängt. Trauriger Höhepunkt der Auseinandersetzung war die Bartholomäusnacht 1572, die sogenannte Pariser Bluthochzeit, in der eine als Versöhnung inszenierte Eheschließung zwischen dem Protestanten Heinrich von Navarra (1553–1610) und der Königsschwester Margarete von Valois (1553–1615) von der katholischen Seite zur Abmetzelung tausender Protestanten missbraucht wurde. Als Heinrich von Navarra, der in diesem Zusammenhang gefangen gesetzt worden war, schließlich doch als Heinrich IV. König von Frankreich wurde, war dies nur zu dem Preis einer Konversion zum Katholizismus möglich. Doch immerhin gewährte er 1598 dem Protestantismus Toleranz, so dass die Hugenotten in Frankreich – anders als etwa in Italien und Spanien, wo die Unterdrückungsmaßnahmen des 16. Jahrhunderts nachhaltigen Erfolg hatten – bis zur Aufhebung des Ediktes 1685 immerhin eine eingeschränkte Existenz führen konnten.

In Schottland kam es sogar zum Aufbau einer anerkannten reformierten Territorialkirche. Leitend hierfür wurde John Knox (ca. 1514–1572), der ab 1555 für die englische Flüchtlingsgemeinde in Genf zuständig war. 1559 kehrte er nach Schottland zurück – gerade in einer Situation, in der der schottische Adel sich gegen Maria von Guise (1516–1560) erhob, die das Regiment für ihre Tochter Maria Stuart (1542–1567; hingerichtet 1587) führte und dabei durch ihre Anlehnung an Frankreich den Eindruck einer Fremdherrschaft weckte. Nach dem Abzug der französischen Truppen konstituierte sich ein Parlament, das die Jurisdiktion des Papstes und die Messe aufhob und ein reformiertes Bekenntnis annahm. Zu Streitigkeiten führte allerdings die Frage, in welchem Ausmaß das Genfer Modell einer städtischen Reformation tragfähig für ein monarchisch regiertes Territorium sein könne. Insbesondere König Jakob VI. (1567–1625) versuchte – nach der zwischenzeitlichen Regierung durch Maria Stuart seit 1561 – wieder eine bischöfliche Verfassung zu errichten. Dies erschien einer Gruppe um den in Genf ausgebildeten Andrew Melville (1545–1622) aber eine Aufhebung der reformierten Orientierung zu sein. Mit diesen Auseinandersetzungen und parallelen Streitigkeiten in England entstand auf den Britischen Inseln der Typus des Presbyterianismus, der sich an der Genfer Ämterstruktur orientierte und eine zentrale bischöfliche Leitung der Kirche ablehnte.

Ähnlich wie in Schottland verband sich auch in den Niederlanden der Calvinismus mit der Auflehnung gegen eine fremde oder als fremd empfundene Herrschaft. War es in Schottland die Regierung der Maria von Guise, der eine zu starke Ausrichtung an Frankreich zum Verhängnis wurde, so begehrten in den Niederlanden die Einheimischen gegen den Herrscher Philipp II. von Spanien (1556–1598) auf. Der Anführer des Aufstandes, Wilhelm von Oranien (1533–1584), näherte sich dabei mehr und mehr dem Calvinismus an. Auch wenn sie anfänglich nur eine Minderheit darstellten, wurden die Reformierten doch bald zur dominierenden Konfession der sich aus der spanischen Oberhoheit lösenden Generalstaaten. Hier entstand eine neue akademische Schicht, die in den folgenden theologischen Debatten der Reformierten international führend wurde. Ein weiteres intellektuelles Zentrum des Calvinismus entwickelte sich daneben im Reich mit der Universität Heidelberg. Diese hatte durch den Heidelberger Katechismus von 1563 und die damit signalisierte Wendung der Kurpfalz zu einem freilich stark melanchthonisch gefärbten Calvinismus die Rolle eines »zweiten Genf« eingenommen.

Reformation eigenen Typs: England

Die englische Reformation lässt sich nicht aus den mitteleuropäischen Kraftzentren Wittenberg, Zürich oder Genf erklären, auch wenn sie im Zuge ihrer Entwicklung starke Prägungen von

ANNO · ÆTATIS · SVÆ · XLIX

hier erfahren hat. Die englische Kirche steht dabei in gewisser Weise zwischen dem gallikanischen Typus, dessen erste Ausprägungen in das 15. Jahrhundert fallen (s. o., S. 13), und den reformatorischen Kirchen in Deutschland und der Schweiz. Tatsächlich hatten sich in England schon im 15. Jahrhundert, wenn auch nicht so ausgeprägt wie in Frankreich, Tendenzen zu einer Verselbständigung gegenüber Rom gezeigt: Ein auf dem Konstanzer Konzil geschlossenes Konkordat sicherte dem englischen König Rechte auf die Besetzung geistlicher Stellen, und so konnte die Kirche sich schon sehr stark landeskirchlich entwickeln.

Was die Entwicklung des 16. Jahrhunderts dann vor allem von der Reformation etwa in Sachsen oder Hessen unterscheidet, ist, dass ganz deutlich dynastische Interessen der eigentliche Antrieb zur endgültigen Lösung von der päpstlichen Leitung waren. In den Territorien innerhalb des Reiches kann man bei allen vorhandenen Eigeninteressen, die einen Philipp von Hessen oder einen Johann von Sachsen prägten, viel stärker ein vehementes religiöses Moment als Antriebskraft beobachten. Heinrich VIII. hingegen hatte sich zunächst sogar als schroffer Gegner der Reformation profiliert: Auf Luthers Kritik an der mittelalterlichen Sakramentenlehre in *De captivitate Babylonica* hatte er mit seiner *Assertio septem sacramentorum*, einer erneuten Betonung der sieben Sakramente, geantwortet, die ihm wiederum eine scharfe Kritik Luthers, von päpstlicher Seite aber den Titel *Defensor Fidei* (Verteidiger des Glaubens) eintrug. In England war Antiklerikalismus verbreitet – insbesondere in Landstrichen, in denen die Lollarden auf den Bahnen Wyclifs reformerisch dachten, und unter den Grundherren, die kritisch auf das Kirchengut blickten. Als durch die umfassenden Handelsbeziehungen mehr und mehr reformatorische Schriften auftauchten, war es eine der Aufgaben des Kanzlers des Königs und Erzbischofs von York Thomas Wolsey (1472–1530), die Verbreitung dieser Schriften zu unterdrücken. Die Tatsache, dass ein Geistlicher die Regierungsgeschäfte ganz in der Hand hatte, trug zu den Besonderheiten der englischen Reformation bei.

Wolsey hatte eine heikle Mission zu erfüllen: Die Erfahrungen der englischen Rosenkriege, in denen rivalisierende Königshäuser um den Thron gestritten hatten, gaben der Frage nach einem Erben besondere Brisanz. Heinrichs Ehe mit Katharina von Aragón (1485–1536) schien die Hoffnungen auf einen männlichen Thronerben nicht zu erfüllen: Aufgrund von Fehlgeburten und frühem Tod von Kindern entstammte der Ehe zwar die Tochter Maria, aber kein männlicher Nachfolger. Zudem passte die Ehe mit der Tante des römischen Kaisers nicht gut in das sich ändernde politische Tableau, in dem Heinrich nach mehreren Konflikten in den zwanziger Jahren die Annäherung an den französischen König Franz I. suchte.

Nicht zuletzt dadurch begünstigt, dass er in Anne Boleyn (1507–1536) eine neue mögliche Gattin im Blick hatte, strebte Heinrich nun an, seine Ehe mit Katharina durch den Papst für nichtig erklären zu lassen – eine Ehe, die ihrerseits überhaupt erst durch einen päpstlichen Dispens ermöglicht worden war. Da Katharina zuvor die Ehefrau seines verstorbenen Bruders gewesen war, hätte das Kirchenrecht normalerweise die Eheschließung verhindert. Die Aufgabe, dieses schwierige Anliegen nicht nur beim Papst, sondern auch bei den anderen europäischen Mächten – insbesondere Karl V. – zu vertreten, fiel Wolsey zu, doch blieben seine Bemühungen vergeblich. Das scheint der Hintergrund dafür gewesen zu sein, dass Wolsey im Herbst 1529 aus seinem Amt als Kanzler entlassen wurde. Dass er gleichzeitig Erzbischof von York blieb und sein Nachfolger als Kanzler, Thomas Morus (1477/78–1535), ein Anhänger des Papstes wurde und keineswegs bereit war, die Ehescheidung des Königs weiter voranzubringen, zeigt die Schwierigkeit der Situation: Die Lösung von Rom war noch keineswegs beschlossene Sache, obwohl nun mächtige Kräfte darauf hinwirkten.

Thomas Morus und seine Familie
Thomas Morus wirkte als Kanzler Heinrichs VIII. Zeichnung von 1527 von Hans Holbein d. J. (1497–1543) mit Handschrift Thomas Morus'.

Neben den Kreisen um Anne Boleyn war es vor allem Thomas Cranmer (1489–1556), der starken Einfluss ausübte. Er war während seines Studiums in Cambridge in Kontakt mit der reformatorischen Theologie gekommen; hier hatte er sich vor allem den Gedanken zu eigen gemacht, dass die päpstliche Vorherrschaft in der Kirche gegen den Willen Gottes sei. Diese Auffassung konnte er 1530 dem König vortragen und rückte nun in die vorderste Reihe der englischen Kirche: 1532 wurde er Erzbischof von Canterbury. Gemeinsam mit dem Minister Thomas Cromwell (ca. 1485–1549) gestaltete er die Reformation auf der Insel.

Charakteristisch für seine Haltung ist, dass er die Weihe zum Erzbischof ausdrücklich nur nach Ablegung eines Eides vollziehen ließ, in dem er ausdrückte, dass seine Loyalität zum König höher als zum Papst sei. Dies war Teil einer Reihe von Reformmaßnahmen, in denen sich die englische Kirche vom Papst löste. Für Heinrichs Regierung musste dies, theologisch durch Cranmer legitimiert, ganz konsequent erscheinen, bedeutete doch die bisherige Lage, dass der Papst nicht nur als Geistlicher, sondern auch als politische Macht vermittels des Kirchenrechts in die dynastischen Angelegenheiten des englischen Königshauses eingreifen konnte. Eine wichtige Maßnahme für diesen Lösungsprozess war 1533 das Verbot der Appellation an Rom. Kirchenrechtlich bedeutete dies eine Verselbständigung Englands, was seine besondere Bedeutung für das Eherecht als Teil des kanonischen Rechts hatte. Im Mai löste Cranmer die Ehe Heinrichs mit

Thomas Morus, Utopia. Titelseite der Ausgabe von 1516
Die »Utopia« des Thomas Morus stellte einen staatsphilosophischen Entwurf dar, in dem Gedanken von religiösem Pluralismus und Toleranz anklangen.

Katharina auf und krönte Anne Boleyn, die Heinrich schon im Januar heimlich geheiratet hatte, zur Königin; wenige Monate später gebar sie eine Tochter, die spätere Königin Elisabeth I. (1558–1603).

Dass diese kirchenrechtlichen Verwicklungen durchaus mit den reformatorischen Bemühungen auf dem Kontinent zusammenhingen, zeigt die Tatsache, dass auch Luther sich zur Eheproblematik Heinrichs VIII. äußerte und ihm dabei – nach seinen entsprechenden Zweifeln in *De captivitate Babylonica* (s. o., S. 130) kaum überraschend – riet, statt seine erste Frau zu verlassen, eine zweite hinzuzunehmen.[14] Die ausdrückliche Bestätigung, dass die Kirche von England nicht mehr dem Papst, sondern dem König unterstand, erfolgte dann in der Suprematsakte *(Act of Supremacy)*, die am 3. November 1534 den König zum Oberhaupt, *supreme head*, der englischen Kirche erklärte. Eine unmittelbare Folge dessen war vor allem die Säkularisierung der Klöster, durch die der Krone gewaltiger finanzieller Gewinn zukam.

In mancher Hinsicht stellten die folgenden Jahre ein Wechselspiel dar. Das auffälligste und bekannteste ist die Geschichte der Ehen des Königs: Anne Boleyn wurde schon 1536 hingerichtet, ihr folgten noch vier weitere Ehefrauen nach. Wichtiger waren die theologischen Wandlungen. Der König selbst neigte zu einer konservativen Haltung, und 1539 wurden in den *Six Articles* für das Abendmahl die Transsubstantiationslehre ebenso festgeschrieben wie die Austeilung unter nur einer Gestalt, dazu auch die Verpflichtung der Priester auf den Zölibat. Auch wenn Heinrich unterschiedliche innen- und außenpolitische Rücksichtnahmen walten ließ, blieb dies bis zum Ende seiner Regentschaft offizielle Lehre der englischen Kirche.

Die harte Durchsetzung der wechselnden kirchenpolitischen Vorgaben machten auch vor führenden Persönlichkeiten in Staat und Kirche nicht halt: Schon 1530 war Wolsey wegen fortdauernder Kontakte mit Rom verhaftet worden und auf dem Weg in die Gefangenschaft gestorben. Seinem Nachfolger Morus wurde der Prozess gemacht, nachdem er einen Eid verweigert hatte, der die Anerkennung der Ehe des Königs mit Anne Boleyn impliziert hätte. Im Jahre 1535 wurde Thomas Morus hingerichtet, der nicht nur als humanistisch gebildeter Theologe und Kirchenpolitiker bekannt ist, sondern auch als Autor der 1516 erschienenen staatsphilosophischen Schrift »Utopia«, in der religiöser Pluralismus und Toleranz eine wichtige Rolle spielten. 1540 wurde auch Thomas Cromwell unter dem Vorwurf des Hochverrates hingerichtet.

In all diesen Umbrüchen ist es bemerkenswert, dass der Erzbischof Cranmer mit einer zunehmend evangelisch ausgerichteten Politik Leben und Amt behielt. Umsetzen konnte er dies nach dem Tod Heinrichs VIII. im Jahr 1547. Die Regentschaft fiel nun offiziell an Eduard VI. (1547–1553), den Sohn, den Heinrich endlich in seiner dritten Ehe mit Johanna Seymour (1509–1537) erhalten hatte, der allerdings zu diesem Zeitpunkt erst neun Jahre alt war. Die Regentschaft durch seinen Onkel, den Herzog von

Somerset, bahnte dem Protestantismus den Weg, wobei sich für Cranmer günstig auswirkte, dass die Entwicklungen auf dem Kontinent mehrere Evangelische auf die Flucht trieben. Der Prominenteste unter den Exulanten in England war Bucer, der im April 1549 nach London kam. Schon vorher hatte Peter Martyr Vermigli (1499–1562) eine Theologieprofessur in Oxford angetreten – ein Italiener, der 1542 vor der Inquisition aus seinem Heimatland geflohen und zeitweilig bei Bucer in Straßburg untergekommen war. Und auch Johannes a Lasco (1499–1560), der sich, aus Polen stammend, erst Ende der dreißiger Jahre der Reformation zugewandt hatte und einige Jahre mit der Durchführung der Reformation in Ostfriesland beauftragt gewesen war, gehörte zu den Beratern auf der Insel.

Cranmer gelang es rasch, Reformen durchzusetzen. Schon 1549 reformierte er im *Book of Prayer* die Liturgie. Unter Mithilfe der Reformatoren vom Kontinent wurde es weiter bearbeitet und schon 1552 in einer noch deutlicher reformatorischen Fassung herausgebracht. Auch die *Fourty-Two Articles of Religion*, eine Deklaration über den Glaubensstand der englischen Kirche, zeigten klares evangelisches Gepräge mit deutlichem oberdeutschen Einschlag. So wurde ausdrücklich gelehrt, kein Glaubender sei verpflichtet, die Realpräsenz Christi im Abendmahl zu glauben.[15] Im gemeinreformatorischen Sinne wurde über die Rechtfertigung gelehrt, dass sie *»ex sola fide IESU CHRISTI«*[16] erfolge: Die Kirche von England war offenbar nicht mehr nur eine von Rom gelöste Kirche, sondern nun auch im theologischen Vollsinne evangelisch – allerdings blieb dies zunächst Episode. Als Eduard VI. nämlich früh starb, setzte die weibliche Erbfolge ein, und die älteste Tochter Heinrichs aus der Ehe mit Katharina von Aragón, Maria »die Katholische«, wurde als Königin anerkannt. Rasch wurde das Rad wieder zurückgedreht, die Messe wieder eingeführt und sogar die Oberhoheit des

VERBRENNUNG DES THOMAS CRANMER

Thomas Cranmer hatte die Grausamkeiten Heinrichs VIII. überlebt, doch unter Maria der Katholischen starb er 1556 auf dem Scheiterhaufen.

Papstes wiederhergestellt – die Einziehung des Klostergutes allerdings wurde nicht rückgängig gemacht. Nun war es Thomas Cranmer, der den Wandlungen zum Opfer fiel: Am 21. März 1556 starb er auf dem Scheiterhaufen. Insgesamt sind etwa dreihundert Protestanten aufgrund von Marias Säuberungsmaßnahmen getötet worden. Das trug ihr auch den Beinamen »Bloody Mary« ein.

Dass ihre Nachfolgerin Elisabeth I. wurde, war nicht selbstverständlich. Zwar hatte Heinrich VIII. sie in seinem Testament in die Thronfolge eingereiht, aber die Hinrichtung ihrer Mutter Anne Boleyn hatte sie zur unehelichen Tochter gemacht. Zugleich bedeutete aber gerade diese Herkunft auch eine enge Verbindung mit den Wandlungen in England und der Lösung von der mittelalterlichen Papstkirche. So hat sie schon bald nach ihrem Regierungsantritt die Suprematsakte wieder hergestellt, freilich mit einer charakteristischen Abwandlung: Als Frau kam ihr nicht die Rolle eines *supreme head,* sondern einer *supreme governor* (höchste Leiterin) zu. In den folgenden Jahren wurde, mit Abwandlungen, das *Book of Prayer* wieder in Kraft gesetzt und, in einer geänderten Fassung der 42 Artikel, nun eine Lehrnorm in 39 Artikeln beschlossen. Der 1563 entworfene Text wurde 1571 in Kraft gesetzt, so dass man dieses Jahr als vorläufigen Schlusspunkt der langen englischen Reformation ansehen kann – allerdings kam es hier ähnlich wie in Schottland zu Konflikten zwischen einer bischöflichen Leitung der Kirche, die immer wieder im Verdacht katholisierender Tendenzen stand, und den Anfängen des Puritanismus.

Am Rande der Reformation

Die dreißiger Jahre des 16. Jahrhunderts zeigen im Blick auf die Reformation allerdings nicht nur die Erfolgsgeschichte einer zunehmenden Ausbreitung. Die starke Binnendifferenzierung des Protestantismus, die dort, wo sich parallele Kirchentümer verfestigten, kein Problem darstellte, wurde zu einer immer größeren Schwierigkeit, als man sich mit nicht integrierbaren Gruppierungen befassen musste: Täufer und Spiritualisten, die als »linker Flügel« der Reformation oder auch als »radikale Reformation« zusammengefasst werden. Beide Begriffe sind Versuche, den von Luther abwertend gebrauchten Begriff der »Schwärmer« zu ersetzen, sind aber ihrerseits problematisch: Der erste assoziiert politische Vorstellungen, die so nicht zutreffen; der zweite suggeriert, die anderen Reformatoren, ein Luther oder ein Zwingli, seien nicht wirklich radikal gewesen. So wird man am ehesten von »Außenseitern der Reformation« (Gottfried Seebaß) oder, mit einem an gelegentlichen englischen Sprachgebrauch angelehnten Fremdwort, von Devianten reden können.

Gemeinsames Merkmal der Spiritualisten ist die Berufung auf unmittelbares Wirken des Heiligen Geistes, die – wie etwa bei Hans Denck (1500–1527) – auch in Konkurrenz zu dem äußeren Wort der Schrift und den Sakramenten treten konnte. Dabei betonte Denck auch eine starke ethische Komponente, ähnlich wie eine andere prominente Gestalt des Spiritualismus, Sebastian Franck (1499–1542). Dieser kritisierte die reformatorische Rechtfertigungslehre, weil sie nicht einer wirklichen christlichen Lebensgestaltung diene. Er selbst stellte umgekehrt die Früchte des Glaubens in den Mittelpunkt seines Christentumsverständnisses. Den Weg dazu finde der Mensch, indem er das innere Wort Gottes in sich freilege. Diese Haltung vertrat er so konsequent, dass er nicht nur generell jede obrigkeitliche Gestaltung der Kirche ablehnte, sondern auch sein eigenes Pfarramt niederlegte, weil es diesem eigentlichen Ziel nicht diene. Er fand zeitweise Schutz in Ulm, konnte sich hier aber nicht mehr halten, als ihn 1540 die Theologen des Schmalkaldischen Bundes verurteilten. So musste er weiterziehen und fand in Basel Aufnahme. Auch Caspar von Schwenckfeld (1489–1561) musste immer wieder den Ort wechseln, wobei ihm sein adeliges Netzwerk behilflich war,

Portrait eines unbekannten Künstlers von Elisabeth I. von England, ca. 1575
Elisabeth I. führte die Kirche von England zurück zu Selbständigkeit und reformatorischer Theologie.

und auch er wurde wegen seiner Theologie des inneren Wirkens des Geistes verurteilt. Der deutlichste Unterschied zu den anderen Spiritualisten, die in der Regel einen ausgeprägten Individualismus pflegten, ist, dass von ihm Gemeinschaftsbildungen ausgingen, die auf lange Zeit hinaus zur Präsenz von Schwenckfeldern im süddeutschen Raum führten.

Ein größeres Problem als die Spiritualisten stellten auf Dauer für die evangelischen Stände allerdings die Täufer dar, die sich aus den oben beschriebenen unterschiedlichen Wurzeln entwickelten. Neben den friedlich gesinnten Schweizer Brüdern gab es das apokalyptische Täufertum des Hans Hut und vielfältige Zwischenformen wie etwa die des Balthasar Hubmaier (1480/5–1528), der neben den Einflüssen der Schweizer Täufer auch spiritualistisches Denken aufnahm. Ohnehin sind die Grenzen zwischen Täufertum und Spiritualismus fließender, als es heutigem Bemühen um klare Ordnungskategorien lieb sein kann: Auch Denck hatte zeitweise mit dem Täufertum sympathisiert und war selbst derjenige gewesen, der Hans Hut getauft hatte.

Eine solche Verbindung von Spiritualismus und Täufertum prägte auch das Denken von Melchior Hoffmann (ca. 1500–1543), der ähnlich wie seinerzeit Müntzer Mystik – und zwar in Gestalt einer spezifischen Leidensmystik – und apokalyptisches Denken aufeinander bezog: Leiden war die Vorbereitung der Christen auf den Jüngsten Tag. Verschiedene Begegnungen mit Anhängern Dencks und anderen Devianten in Straßburg ließen seine Leidenserwartung in Gewaltbereitschaft umschlagen: Die Christen würden den Sieg über das irdische Babylon davontragen und die Pfaffen erschlagen – dann werde in Straßburg das Reich Christi errichtet. Wäre es bei diesen Erwartungen geblieben, so wäre auch Hoffmann nur als eine individuelle Gestalt am Rande des Geschehens zu erwähnen. Als er 1533 nach dreijähriger Abwesenheit in der Erwartung, dass die prophezeiten Ereignisse bald Wirklichkeit werden würden, nach Straßburg zurückkehrte, wurde er als Ketzer verurteilt und inhaftiert. Bis an sein Lebensende blieb er in Haft – auch als seine Geschichtstheologie in erschreckender Weise Wirklichkeit wurde. Die Stadt des Heils war allerdings nun nicht Straßburg, sondern Münster.

Hier setzten sich melchioritisch geprägte Täufer um Jan Mathijs (gest. 1534) und Bernd Rothmann (gest. nach 1535) bei den Ratswahlen durch und begannen im Februar 1534 mit der Errichtung einer Herrschaft, in der Christi endzeitliches Reich Wirklichkeit werden sollte. Entsprechend den alttestamentlichen messianischen Verheißungen erhielt es in Gestalt von Jan van Leiden (gest. 1536), der nach dessen Tod an Stelle von Mathijs die führende Rolle eingenommen hatte, auch einen eigenen König. Gemeinsam mit zwölf Ältesten regierte er nun den »neuen Staat Israel«[17]. Viele der Regelungen signalisierten nach außen die moralische Verwerflichkeit der Täufer, insbesondere die Einführung der Polygamie, die allerdings in den Augen der Herrschenden von Münster ihren guten biblischen Sinn hatte: Sie folgte nicht allein dem alttestamentlichen Vorbild, sondern setzte nach ihrem Verständnis auch die neutestamentliche Vorstellung um, dass jede Frau ein Haupt in Gestalt eines Mannes haben solle (Eph 5,23). Auch die urchristliche Gütergemeinschaft sollte wieder aufleben und in dem Münsteraner Reich Wirklichkeit werden. All dies erschien als Umkehr der gegebenen Ordnung und als Aufruhr, und so haben der altgläubige Bischof Franz von Waldeck (1532–1553) und der reformatorische Fürst Philipp von Hessen die Stadt gemeinsam belagert und eingenommen und ein grausames Gericht an den Täufern vollzogen. Für Täufer war damit mit einer Duldung im Reich nicht mehr zu rechnen, auch wenn es gelegentlich Versuche gab, ihren Anliegen entgegenzukommen. Insbesondere Philipp von Hessen erließ 1539 mit der maßgeblich durch Martin Bucer bestimmten »Ziegenhainer Zuchtordnung« Regelungen, die mit der Einführung der Konfirmation jedenfalls eine bewusste Bestätigung des

Glaubens in einem Alter vorsahen, in dem Vernunftentscheidungen möglich waren. Dies war ein Versuch der Integration bestimmter täuferischer Anliegen – wer bei der Bestreitung der Kindertaufe blieb, konnte aber auch in Hessen weiterhin nicht mit Duldung rechnen, wie etwa das Schicksal des Melchior Rinck (ca. 1493–nach 1561) zeigt, der von 1531 bis zu seinem Tod in hessischer Haft saß.

Die Faktoren in Auseinandersetzung mit den Täufern waren zahlreich. Leitend war das theologische Motiv: Alle wichtigen Reformatoren der entstehenden Landeskirchen von Zwingli über Bucer bis Luther argumentierten – wohl wissend, dass sie biblisch nicht zwingend belegt war – für die Kindertaufe, wobei insbesondere Luther insistierte, dass sich gerade in diesem Sakrament die unverdiente Gnade besonders deutlich ausdrückte. Auch bildlich schärfte man den Gemeinden durch den neuen Bildtypus des Jesus, der nach Matthäus 19,14 die Kinder zu sich kommen lässt, die Zuwendung Christi zu den Kindern ein. Hinzu kam spätestens seit Münster die Sorge vor Aufruhr und vor allem auch das anwachsende Bemühen um eine konfessionelle Homogenisierung, das sich daraus ergab, dass die Reformation zu guten Teilen auch einen Beschleunigungsimpuls für die spätmittelalterliche Verdichtung von Herrschaft darstellte. Diese traf unterschiedliche Gruppen, deren Integration in homogenes Christentum nicht möglich war: neben den Täufern vor allem die Juden. So ist die Vertreibung der Juden aus Kursachsen nicht allein auf die antijüdischen Schriften zurückzuführen, die Luther in seinen letzten Lebensjahren veröffentlichte, zumal sie schon in den dreißiger Jahren einsetzte, sondern vor allem auf die Mechanismen der Herrschaftskonsolidierung. Und doch zeigen sich gerade im Umgang mit den Juden auch bemerkenswert theologische

Ansicht der Belagerung von Münster
Gegen die Täufer in Münster gingen Protestanten und Altgläubige gemeinsam militärisch vor.
Kolorierter Holzschnitt von Erhard Schoen, 1534.

Lucas Cranach d. Ä., Lasset die Kindlein zu mir kommen, 1538

Die ikonographisch-theologische Antwort auf die Bestreitung der Kindertaufe: das Motiv »Lasset die Kinder zu mir kommen« nach Markus 10,14.

Differenzen: Philipp von Hessen setzte – gegen Bestrebungen in der eigenen Pfarrerschaft – eine Duldung der Juden in seinem Territorium durch.

Angesichts der herrschaftspolitischen Hintergründe ist es nicht erstaunlich, dass Täufer sich insbesondere dort weiter entfalten konnten, wo der Verdichtungsprozess noch nicht so weit vorgedrungen war wie in Mitteldeutschland. Ab den dreißiger Jahren gelang es den nach Jakob Hutter (gest. 1536) benannten Hutterischen Brüdern, in Mähren Fuß zu fassen, weil das Wohlwollen der lokalen Adeligen eine konsequente Durchsetzung der scharfen königlichen Mandate gegen die Täufer verhinderte. Und Menno Simons (1496–1561) sammelte, vorwiegend in den Niederlanden und in Ostfriesland, das nach der Katastrophe von Münster verstreute Täufertum neu, verzichtete dabei aber auf apokalyptische Zuspitzungen: Die Mennoniten konstituierten sich als eine von der Welt abgesonderte friedliche Gemeinschaft, die ihre ausgeprägte Nachfolgevorstellung vor allem durch eine starke Kirchenzucht unterstrich.

Ausgleich und Auseinandersetzungen im Reich

Die altgläubige und evangelische Gemeinsamkeit der Fürsten im Kampf gegen die Täufer konnte die Fortdauer des großen Religionskonflikts nicht überdecken. Immer wieder stand auf der Agende die Frage eines Konzils, wobei schon dessen Definition schwierig war: Für die Evangelischen konnte dies eigentlich nur ein freies Konzil sein, eines also, das nicht unter der Leitung des Papstes stand. Das galt so nicht für das Konzil, dessen Einberufung durch Papst Paul III. (1534–1549) der Kaiser schließlich durch sein beharrliches Drängen erreichte. Dennoch erklärten sich die Theologen des Schmalkaldischen Bundes bereit, es zu besuchen,[18] doch waren theologische und politische Interessen schwer zusammenzubringen: Auf dem Bundestag in Schmalkalden im Frühjahr 1537 waren die Politiker einerseits nicht bereit, Luthers scharf geratene Schmalkaldische Artikel zu unterzeichnen, während sie Melanchthons etwas moderateren *Tractatus de potestate et primatu papae* in ihren Abschied aufnahmen. Doch ebenso wenig konnten sie sich darauf verständigen, das Konzil zu beschicken, das im Mai in Mantua eröffnet werden sollte. Dessen Durchführung scheiterte freilich nicht nur hieran, sondern wurde auch von altgläubiger Seite behindert.

Angesichts der Schwierigkeiten, auf universalkirchlicher Ebene voranzukommen, setzte der Kaiser auf Ausgleich im Reich und beraumte Religionsgespräche an, zu denen am Ausgleich orientierte Theologen beider Seiten zusammenkamen: insbesondere die Reformtheologen Johann Gropper (1503–1559) und Julius Pflug auf altgläubiger Seite und auf reformatorischer Seite Martin Bucer, immer wieder aber auch Philipp Melanchthon. Die Verhandlungen zogen sich über drei Etappen hin: in Hagenau (Juni/Juli 1540), Worms (November 1540 bis Januar 1541) und Regensburg (April/Mai 1541). Sie führten zu einem vorläufigen Ergebnis: dem Wormser Buch, das dann noch einmal in das Regensburger Buch umgearbeitet wurde. Die hohe Kompromissbereitschaft auf beiden Verhandlungsseiten zeigt sich darin, dass es sogar gelang, einen gemeinsamen Artikel über die Rechtfertigungslehre zu verfassen, der zwei Aspekte unterschied: eine Anrechnung der Gerechtigkeit durch den Glauben – und eine Wirksamkeit durch die Liebe. Das größte Pfund bei diesen Verhandlungen war, dass Philipp von Hessen zwischenzeitlich einbezogen werden konnte: Bucer legte ihm das Wormser Buch vor und erläuterte es ihm, und der Landgraf war tatsächlich bereit, es als Grundlage für Ausgleichsverhandlungen zu akzeptieren. Am Ende, auf dem Regensburger Reichstag im Frühjahr 1541 aber zeigte sich, dass die theologischen Kompromisse, auf die gesprächsbereite Partner beider Seiten sich hatten einigen können, letztlich nicht tragfähig waren: Altgläubige wie Evangelische lehnten das Regensburger Buch ab.

Damit war die kurze Phase der Reichsreligionsgespräche beendet. Die Möglichkeiten eines friedlichen Ausgleichs schwanden, und das taten sie umso mehr, als der Schmalkaldische Bund seinen Höhepunkt überschritten hatte. Eine weitere Ausdehnung seines Einflussbereichs, die Einnahme des Fürstentums Braunschweig-Wolfenbüttel 1542, stand schon unter fraglichen Vorzeichen: Um die evangelischen Städte Goslar und Braunschweig zu schützen, vertrieben die Anführer des Schmalkaldischen Bundes Herzog Heinrich den Jüngeren (1514–1568), den letzten bedeutenden altkirchlichen Herrscher in Norddeutschland, und setzten massiv die Reformation im Lande durch.

Schon zu diesem Zeitpunkt war der Schmalkaldische Bund aber entscheidend geschwächt, weil Philipp von Hessen, einer seiner beiden Hauptmänner, durch Einzelabsprachen mit dem Kaiser gebunden war. Bereits seit 1538 hatte er sich dem Kaiser angenähert.[19] Von 1540 an aber war er auf ganz neue Weise in dessen Hand: Am 4. März 1540 heiratete er die siebzehnjährige Margarethe von Saale (1522–1566) – und schloss damit eine zweite Ehe neben der nach wie vor gültigen Ehe mit Christine von Sachsen (1506–1549). Das brach nicht nur mit dem Kirchen-, sondern auch mir dem Reichsrecht und desavouierte langfristig die Wittenberger Reformatoren, denn es dauerte nicht lange, bis ruchbar wurde, dass Luther und Melanchthon – freilich

Johann Friedrich, seit 1532 Kurfürst von Sachsen. Kolorierter Holzschnitt aus der Plock-Bibel, Wittenberg 1541.

ausdrücklich nicht als rechtliche Norm, sondern als Dispens in einer speziellen Situation – die Möglichkeit einer Zweitehe zugestanden hatten.[20] Vor allem aber musste Philipp von Hessen zusehen, dass er seine rechtliche Position nicht weiter gefährdete, und so kam es am Rande eben des Regensburger Reichstages, der das Scheitern des Regensburger Buches brachte, zu Geheimverhandlungen zwischen Philipp und Karl V. Letzterer stellte Philipp von der Strafe für die Bigamie frei, erhielt aber im Gegenzug auch einige Zugeständnisse. Während die Frage Braunschweig-Wolfenbüttels durch die Vereinbarungen nicht tangiert war, gab es eine klare Zusage Philipps, dass der Schmalkaldische Bund kein Bündnis mit England oder Frankreich eingehen, sich also europapolitisch isolieren würde und dass er die Aufnahme des Herzogs von Jülich-Kleve in den Schmalkaldischen Bund verhindern sollte.

Philipp fiel dieses letztgenannte Zugeständnis leicht. Er hatte es schon 1538 – also vor der Zwangslage, in die die Bigamie ihn brachte – erwogen. Aber es wirkte auf die weitere Entwicklung nachhaltig, denn es entzog dem Herzog den potenziellen Schutz von evangelischer Seite in einem direkten Konflikt, den er um die Erbfolge im Herzogtum Geldern mit dem Kaiser austrug. Entsprechend behielt Karl V. hier 1543 die Oberhand und dämmte so die weitere Ausdehnung der Reformation ein. Das galt auch für weitere Entwicklungen im selben Raum: In Köln versuchte Erzbischof Hermann von Wied (1515–1546) seit 1543 eine Reformation einzuführen. Schon Ostern 1543 gab er den Laienkelch frei, und im Juli desselben Jahres beschlossen die weltlichen Stände auf dem Landtag das »Einfältige Bedenken«, das Bucer und Melanchthon verfasst hatten und das die Kölner Reformation bringen sollte. Allerdings hatte Hermann auch mit massiven Gegenkräften zu tun, insbesondere im Domkapitel und im Herzogtum Westfalen, das zu seiner Herrschaft gehörte und dessen Stände sich 1545 dezidiert gegen ihn stellten. Letztlich entscheidend wurde, dass der Papst im Jahr 1546 Hermann exkommunizierte und seines bischöflichen Amtes enthob – auf dem Landtag 1546/7 wurde durch kaiserliche Kommissare seine kurfürstliche Herrschaft beendet. Damit war der Versuch, ein gewichtiges Erzbistum und – nach Sachsen und Brandenburg – ein weiteres Kurfürstentum der Reformation zuzuführen, gescheitert.

Eine umfassende militärische Niederlage erlitten die Evangelischen kurz nach Luthers Tod

Tizian, Kurfürst Johann Friedrich
Nur noch geborener Kurfürst: Johann Friedrich in der Darstellung Tizians.

am 18. Februar 1546 im Schmalkaldischen Krieg, in dem Karl V. – in einer Phase, in der außenpolitische Auseinandersetzungen mit Frankreich und den Türken ruhten – versuchte, seine Macht im Reich zu stabilisieren, ihre Infragestellung durch die Reformation und ihre politische Organisation im Schmalkaldischen Bund zu beenden. Äußeren Anlass hierfür gaben erneute Auseinandersetzungen um Braunschweig: Heinrich der Jüngere hatte 1545 versucht, sein Territorium wieder einzunehmen, war hieran aber gescheitert und gefangen gesetzt worden. Der Kaiser

Portrait des Matthias Flacius

Matthias Flacius verteidigte den evangelischen Glauben, wie er ihn verstand, erbittert gegen das Interim und zahlreiche Gegner innerhalb des lutherischen Lagers.

mobilisierte daher Truppen gegen die beiden Hauptleute des Schmalkaldischen Bundes, neben Philipp von Hessen Johann Friedrich von Sachsen, um an ihnen als Landfriedensbrechern die Acht zu vollstrecken. Der Krieg schillerte zwischen politischen und religiösen Aspekten, was sich nicht zuletzt an dem evangelischen Herzog Moritz von Sachsen (1541–1553) zeigte, der sich, gelockt von der Erwartung, dass die Kurwürde von seinen ernestinischen Vettern auf ihn übertragen werde, auf der Seite des Kaisers am Krieg beteiligte. Unter den Evangelischen trug ihm das den Namen eines »Judas von Meißen« ein. Dem heilsgeschichtlichen Bild korrespondierte, dass der Schmalkaldische Bund bald einen Leidenszeugen zu beklagen hatte: Mit dem Sieg der kaiserlichen Truppen in der Schlacht bei Mühlberg am 24. April 1547 geriet Johann Friedrich in Gefangenschaft; Portraits zeigten demonstrativ die Wunde, die er auf der Wange davontrug. Welche eigenartige Situation seine Haft wie auch die wenig später erfolgende Gefangennahme des hessischen Landgrafen hervorrief, zeigt noch das 1548 entstandene Portrait von der Hand Tizians: Der geborene Kurfürst – dieses Amt ging 1547 an Moritz über – strahlt durchaus herrschaftliche Würde aus, aber ihm sind alle Herrschaftsinsignien genommen, bis hin zu den Ringen, die an den Händen fehlen.

Damit war die völlige Entmachtung des Schmalkaldischen Bundes offenkundig, und der folgende Reichstag in Augsburg 1547/8 zog daraus die Konsequenz. Vor allem war es das Interim, dessen Ausarbeitung ihn in der weiteren Wahrnehmung prägte. Es wurde eine Zwischenregelung beschlossen, die für das Reich weitgehend die alte Kirchlichkeit wieder herstellen sollte und den Evangelischen nicht mehr zugestand als Pfarrerehe und Abendmahl unter beiderlei Gestalt. Der Grad der Durchsetzung war im Reich sehr unterschiedlich, und nach allen vorherigen Wirren war auch die Haltung der Evangelischen nicht ganz eindeutig: Philipp Melanchthon war zum Untertan von Moritz geworden, da die Kurwürde am Kurkreis Wittenberg hing, der entsprechend von den Ernestinern an die Albertiner übertragen wurde. So wirkte er – bei schärfster Kritik an der Rechtfertigungslehre des Interims – an den Leipziger Artikeln mit, in denen gewisse Regelungen aus dem Interim als akzeptabel bezeichnet wurden, weil es sich hier um Adiaphora handelte, Mitteldinge, die nicht für die Heilsfragen entscheidend waren. Die Landstände stimmten dem nicht zu, doch wurde 1549 ein Auszug hieraus veröffentlicht. Matthias Flacius (1520–1575) und seine Gegner bekämpften dies fortan in polemischer Zuspitzung als »Leipziger Interim«. Flacius und die anderen Interimsgegner versammelten sich vor allem in Magdeburg und setzten von hier aus einen publizistischen Kampf gegen Melanchthon und das albertinische Sachsen in Szene.

Es war noch Moritz selbst, der die Reichsacht an Magdeburg vollstreckte, doch als die Kapitulation der Stadt am 9. November 1551 erfolgte, war der neue Kurfürst schon längst dabei, unter Einschluss Frankreichs ein Bündnis gegen den Kaiser zu schmieden, dessen Ziel nicht zuletzt auch die Freilassung Johann Friedrichs und Philipps war. Im März 1552 rückte er militärisch gegen Karl V. vor. Die Folge des überraschenden Vorgehens der Fürsten war der Passauer Vertrag, der die Evangelischen vor weiteren gewaltsamen Angriffen um der Religion willen Schutz gewährte. Noch im selben Jahr kamen auch Philipp von Hessen und Johann Friedrich frei.

Damit war faktisch das Interim außer Kraft gesetzt, freilich noch keine neue reichsrechtliche Regelung gefunden, zumal der Passauer Vertrag die Duldung der Evangelischen bis zum nächsten Reichstag befristete. Dieser fand 1555 in Augsburg statt und brachte mit dem Augsburger Religionsfrieden eine dauerhafte Regelung, für deren Zustandekommen freilich kaum mehr Karl V. zuständig war, der sich immer mehr grollend aus der Politik zurückzog, sondern Ferdinand I. (1503|1556–1564). Die Regelungen brachten vor allem die Anerkennung der Evangelischen: Niemand solle fortan die Verwandten der Augsburger Konfession mit Krieg überziehen. Grundsätzlich erhielt jeder Landesherr das Recht, das später als *cuius regio eius religio* zusammengefasst wurde: Er durfte die Konfession seiner Untertanen bestimmen. Ausnahmen galten nur für die Städte, in denen grundsätzlich mehrere Konfessionen nebeneinander geduldet werden konnten, und für die geistlichen Stände, die nicht der Augsburger Konfession zugeführt werden durften – ein geistlicher Würdenträger, der evangelisch werden wollte, musste auf seine geistlichen und weltlichen Funktionen verzichten. Mit diesen rechtlichen Regelungen war ein Vierteljahrhundert nach der Ablehnung der *Confessio Augustana* die reformatorische Umgestaltung zur Anerkennung gelangt. Mit ihr wurde die mittelalterliche Vorstellung vom Reich als einem einheitlichen *Corpus christianum* beendet, zugleich aber der Grund für die homogene Gestaltung der einzelnen Territorien gelegt. Es begann das Zeitalter der Konfessionen.

GEGENÜBERSTELLUNG DER RECHTEN UND DER FALSCHEN KIRCHE
Das Bewusstsein, dass in der lutherischen Kirche die wahre Kirche wieder aufgelebt war, prägte die Generation am Übergang zwischen Reformation und Konfessionalisierung.
Martin Luther bei der Predigt. Holzschnitt von Lucas Cranach d. J., 1546.

Ausblick: die Zeit der Konfessionen

Die evangelischen Kirchen hatten noch einige Jahrzehnte damit zu tun, um ihre Lehrgrundlagen zu klären. Gewiss war man sich vor allem, dass man nicht mehr zu der alten, falschen Kirche gehörte, doch kam es in vielen Einzelfragen zu Debatten zwischen unterschiedlichen Auslegungen der reformatorischen Theologie. Theologisch standen auf der einen Seite die im antiinterimistischen Kampf formierten Gnesiolutheraner, auf der anderen diejenigen, die sich an Philipp Melanchthons Folgerungen aus Luthers Theologie orientierten und daher »Philippisten« genannt wurden. Politisch war es insbesondere das in Umfang und Einfluss erheblich reduzierte ernestinische Herzogtum mit seiner als Ersatz für das verloren gegangene Wittenberg gegründeten neuen Hohen Schule Jena, das für eine kompromisslose Haltung sowohl gegen römischen Katholizismus als auch gegen den Calvinismus focht. Nach langwierigen Auseinandersetzungen, die immer wieder zur Vertreibung von missliebigen Pfarrern aus unterschiedlichen Territorien geführt hatten, kam es erst 1577 zur Abfassung der Konkordienformel, in der sich die wichtigsten Territorien auf ein Verständnis des Luthertums einigen konnten – ohne dass freilich gleich volle Einheit des Luthertums erreicht worden wäre. Für den Calvinismus war der Weg zur Klärung seiner Positionen sogar noch länger: Der Heidelberger Katechismus hatte für den Calvinismus nicht die Bindewirkung wie die Augsburger Konfession für das Luthertum. Vor allem aber bewegte sich die Pfalz auf diese Weise so weit aus dem Konsens mit den Lutheranern heraus, dass deutlich wurde, dass ihnen der Augsburger Religionsfrieden keinen rechtlichen Schutz gewährte. Erst das 17. Jahrhundert brachte mit der Synode von Dordrecht 1618/19 nach einem scharfen Streit um die Rolle der Prädestinationslehre die theologische Einheit des Calvinismus und mit dem Westfälischen Frieden von 1648 seine Anerkennung im Reich.

Doch nicht nur die evangelischen Kirchen stellten einen Neuansatz dar: Auch diejenigen Teile der Kirche, die weiterhin dem Papst unterstehen wollten, setzten das Mittelalter nicht ungebrochen fort, sondern formierten sich theologisch und strukturell neu. Im Konzil von Trient (1545–1563) gab sich diese Kirche in vielerlei

Das Konzil von Trient

Sitzung des Konzils in der Kathedrale S.Vigilio. Gemälde, Venedig, zweite Hälfte 16. Jh., Paris, Musée du Louvre.

Stich des Collegiums der Jenaer Universität

Die Jenaer Universität sollte das bessere Wittenberg sein.

Hinsicht eine neue Gestalt: Insbesondere zur Rechtfertigung und zum Verständnis von Schrift und Tradition kam es zu neuen Lehrfestlegungen – zugleich wurden wichtige Dekrete zur Reform der Kirche beschlossen. Auch der konkrete Aufbau der neuen Kirche ist ohne die Reformation nicht denkbar. Mit dem Augsburger Religionsfrieden war einerseits das mittelalterliche Diözesansystem der Bischöfe beibehalten worden, andererseits kamen nun auch im Bereich der sich konstituierenden römisch-katholischen Kirche Züge zum Tragen, die das Mittelalter gekannt, die Reformation sich aber verstärkend zu eigen gemacht hatte: die Bestimmung der Religion durch den Landesherrn. In einem komplexen Wechselspiel wurde der Orden der Jesuiten, dessen zentrale Leitung in Rom einen direkten Gehorsam gegenüber dem Papst bestimmte, zum Instrument regionaler Durchsetzung des Katholizismus. Mit seiner Hilfe wurde auch in Ländern wie etwa Bayern, in denen zahlreiche Glaubende der Reformation zugefallen waren, unter Nutzung des landesherrlichen Bestimmungsprinzips aus dem Augsburger Religionsfrieden rekatholisiert. Langfristig galt dies auch für weitere Regionen in Europa, in denen die Reformation im 16. Jahrhundert Fuß gefasst hatte, später aber zurückgedrängt wurde – etwa in Polen oder Böhmen.

Diese konfessionellen Homogenisierungsmaßnahmen, die mit dem Konfessionsbildungsprozess einhergingen, beziehungsweise ihm noch eine ganze Zeit lang folgten, führten historisch in eine neue Phase, die in der Regel als »Konfessionalisierung« beschrieben wird: In vergleichbarer Weise haben die verschiedenen Territorien konfessionelle Fragen und Fragen der Sozialdisziplinierung miteinander verquickt und durch Kirchen- wie Policey-Ordnungen entsprechende Reglementierungen ihrer Untertanen durchgesetzt. Auf lange Sicht handelt es sich hier – im evangelischen wie katholischen Bereich – um eine weitere Verstärkung der Verdichtung, wie sie bereits in der spätmittelalterlichen Herrschaft eingesetzt hatte. Gerade wegen der unterschiedlichen territorialen Voraussetzungen stießen diese Maßnahmen freilich in vielen Regionen auch an ihre Grenzen.[1]

Nicht nur hieran lässt sich beobachten, dass die Ausbildung der drei Großkonfessionen in unterschiedlicher Weise die Ausgangslage des späten Mittelalters transformierte. Das Ende des einheitlichen *Corpus christianum* bedeutete auch, dass jenes gemeinsame Dach nicht mehr bestand, das – oft nur mühsam – die Spannungen zwischen erheblichen Polaritäten ausgehalten hatten. Nun führten bestimmte Unterschiede zu institutionellen Verfestigungen in Gestalt verschiedener Kirchentümer. Dabei haben sich die jeweiligen Bezugspunkte dieser Polaritäten nicht einfach auf die Konfessionen verteilt: Auch in der römisch-katholischen Kirche, die gerade im Konzil von Trient wieder ihre zentrale Leitung einschärfte, blieb ein Moment der Dezentralität erhalten. Und die Abschaffung des Klerus in den evangelischen Kirchen hat nicht verhindern können, dass in sozialer Hinsicht eine starke Abhebung der Gebildeten von den Ungebildeten beibehalten wurde, die sich auch in einer Abhebung der Pfarrer von einfachen Gemeindegliedern äußern konnte. Im Selbstverständnis der lutherischen Pfarrerschaft wurde dies nicht mehr durch klerikale Selbstdefinitionen bestimmt, aber doch durch ein Standesbewusstsein im Sinne der von Luther formulierten Lehre von den drei Ständen: Obrigkeit, Kirche und Familie.[2]

So entstanden unterschiedliche Kirchentümer, die neben- und oft gegeneinander standen, die aber in sich jeweils geringere Spannungen auszuhalten hatten als die spätmittelalterlicher Kirche. Aus der einen Kirche voller Polaritäten war das multikonfessionelle Europa der Frühen Neuzeit geworden.

Anmerkungen

Kapitel I

[1] Für eine gründliche Durchsicht des gesamten Buches danke ich meinen Mitarbeiterinnen Katharina Bärenfänger und Susanne Schuster.

[2] Die in diesem Buch jeweils angegebenen Daten beziehen sich in der Regel bei kirchlichen und weltlichen Würdenträgern auf die Amtszeit, bei anderen Personen auf die Lebenszeit.

[3] *De eucharistia Prologus* (Iohannis Wyclif De eucharistia tractatus maior, hg. v. Iohann Loserth, London 1892 (Wyclif, Latin Works Bd. 16), 3,8.

[4] Manfred Schulze, Fürsten und Reformation. Geistliche Reformpolitik weltlicher Fürsten vor der Reformation, Tübingen 1991; Enno Bünz/Christoph Volkmar, Das landesherrliche Kirchenregiment in Sachsen vor der Reformation, in: Enno Bünz/Stefan Rhein/Günther Wartenberg (Hgg.), Glaube und Macht. Theologie, Politik und Kunst im Jahrhundert der Reformation, Leipzig 2005, 89–109.

[5] *Laus stultitiae;* Erasmus von Rotterdam, Ausgewählte Schriften. 8 Bde. Lat.-dt. Bd. 2, Darmstadt 1975, 132–134: *»Iam has subtilissimas subtilitates subtiliores reddunt tot scholasticorum viae, ut citius e labyrinthis temet explices, quam ex involucris Realium, Nominalium, Thomistarum, Albertistarum, Occanistarum, Scotistarum, et nondum omnes dixi, sed praecipuas dumtaxat.«*

[6] Berndt Hamm, Frömmigkeitstheologie am Anfang des 16. Jahrhunderts. Studien zu Johannes von Paltz und seinem Umkreis, Tübingen 1982; ders., Was ist Frömmigkeitstheologie? Überlegungen zum 14. bis 16. Jahrhundert, in: Hans-Jörg Nieden/Marcel Nieden (Hgg.), Praxis pietatis. FS Wolfgang Sommer, Stuttgart 1999, 9–45.

[7] Heinrich Denzinger, Kompendium der Glaubensbekenntnisse und kirchlichen Lehrentscheidungen, hg. v. Peter Hünermann, Freiburg u. a. [40]2005, Nr. 898: *»Quod in elevatione corporis Iesu Christi non debent assurgere nec eidem reverentiam exhibere: asserentes, quod esset imperfectionis eisdem, si a puritate et altitudine suae contemplationis tantum descenderent, quod circa ministerium seu sacramentum Eucharistiae aut circa passionem humanitatis Christi aliqua cogitarent.«*

[8] Die Predigten Taulers aus der Engelberger und der Freiburger Hs. sowie aus Schmidts Abschriften der ehemaligen Straßburger Handschriften, hg. von Ferdinand Vetter, 1910 (= DTMA 11) = Dublin 1968, 243, 13–22.

[9] Ulrike Hascher-Burger, Gesungene Innigkeit: Studien zu einer Musikhandschrift der Devotio moderna (Utrecht, Universiteitsbibliotheek, ms. 16 H 34, olim B 113), Leiden/Boston 2002.

[10] Angelika Dörfler-Dierken, Die Verehrung der Heiligen Anna in Spät-Mittelalter und Früher Neuzeit, Göttingen 1992.

[11] Klaus Arnold, Niklashausen 1476. Quellen und Untersuchungen zur sozialreligiösen Bewegung des Hans Behem und zur Agrarstruktur eines spätmittelalterlichen Dorfes, Baden-Baden 1980, 195f.

[12] Jacques Le Goff, Die Geburt des Fegefeuers, Stuttgart 1984, 283.

[13] S. hierzu Henrik Otto, Vor- und frühreformatorische Tauler-Rezeption. Annotationen in Drucken des späten 15. und 16. Jahrhunderts, Gütersloh 2003.

[14] Die älteste deutsche Gesamtauslegung der Messe. Hg. v. F. R. Reichert, Münster/W. 1967 (= Corpus Catholicorum 29).

Kapitel II

[1] Hans Belting, Bild und Kult. Eine Geschichte des Bildes vor dem Zeitalter der Kunst, München [6]2004.

[2] Herfried Münkler/Hans Grünberger/Kathrin Mayer, Nationenbildung. Die Nationalisierung Europas im Diskurs humanistischer Intellektueller. Italien und Deutschland, Berlin 1998, 163.

[3] WA.B 2, 91, 141f. (Nr. 281).

[4] WA.TR 1, 44, 22f. (Nr. 116).

[5] WA 9, 102, 35.

[6] WA 1, 525, 11f.

[7] S. Hans Schneider, Contentio Staupitii. Der »Staupitz-Streit« in der Observanz der deutschen Augustinereremiten 1507–1512, in: Zeitschrift für Kirchengeschichte 118 (2007) 1–44, besonders 23–29.

[8] Predigten Taulers (wie Anm. 8, Kap. I), 123,7f.

[9] »Der Franckforter« (»Theologia Deutsch«), hg. v. Wolfgang von Hinten, München und Zürich 1982, 110, 13–19.

[10] WA.B 1, 99, 8–13 (Nr. 41): »*Theologia nostra et S. Augustinus prospere procedunt et regnant in nostra universitate Deo operante. Aristoteles descendit paulatim inclinatus ad ruinam prope futuram sempiternam. Mire fastidiuntur lectiones sententiaeriae, nec est, ut quis sibi auditores sperare possit, nisi theologiam hanc, id est bibliam aut S. Augustinum aliumve ecclesiasticae auctoritatis doctorem velit profiteri.*«

[11] WA 1, 233, 10–13: »*1 Dominus et magister noster Iesus Christus dicendo ›Penitentiam agite etc.‹ omnem vitam fidelium penitentiam esse voluit. 2 Quod verbum de penitentia sacramentali (id est confessionis et satisfactionis, que sacerdotum ministerio celebratur) non potest intelligi.*«

[12] WA.B 1, 160, 8f.: »*Ego sane secutus theologiam Tauleri et eius libelli, quem tu nuper dedisti imprimendum Aurifabro nostro Christianno.*«

[13] Zu der neuerdings wieder mit überraschender Emotionalität aufgeflammten Diskussion um die Historizität des Thesenanschlags vgl. Joachim Ott, Martin Treu (Hgg.), Luthers Thesenanschlag – Faktum oder Fiktion?, Leipzig 2008.

[14] Akten und Briefe zur Kirchenpolitik Herzog Georgs von Sachsen, hg. v. Felician Gess. 1. Band: 1517–1524, Leipzig 1905, 29 (Nr. 35).

[15] Nicht ganz sicher ist, welche Thesen in Heidelberg tatsächlich disputiert wurden. Luther selbst spricht jedenfalls – in einer freilich sehr unpräzisen Aussage – im Blick auf alle Thesen davon, er habe sie disputiert, und bezieht sich ausdrücklich auf Folgerungen nicht nur für die Theologie, sondern auch die Philosophie (WA 9, 170). Der Annahme von Thomas Kaufmann, die philosophischen Thesen seien gar nicht disputiert worden (Archiv für Reformationsgeschichte. Literaturbericht 36 [2007] 18), fehlt ein methodisch zwingender Grund, da sie offenbar lediglich darauf beruht, dass Martin Bucer sie – und andere Thesen – in seinem Bericht über die Disputation nicht erwähnt (s. ders., Bucers Bericht von der Heidelberger Disputation, in: Archiv für Reformationsgeschichte 82 [1991] 147–170) – solche Auslassungen können bekanntlich mancherlei Gründe haben.

[16] WA.B 1, 471, 218f. (Nr. 192).

[17] CR 94, 250, 7 (Nr. 113).

[18] CR 94, 22, 8–12 (Nr. 9).

Kapitel III

[1] Dokumente zur Causa Lutheri (1517–1521). Bd. 1, hg. v. Peter Fabisch und Erwin Iserloh, Münster 1988, 55.

[2] WA.B 1, 188.

[3] WA 2, 23, 1–25, 5.

[4] WA 2, 28–33.

[5] Zu den Verhandlungen s. Leder, Ausgleich.

[6] WA 7, 11, 9f.

[7] WA 7, 11, 14.

[8] WA 6, 629, 16–19.

[9] Melanchthons Werke, hg. v. Robert Stupperich. Bd. 1: Reformatorische Schriften, Gütersloh 1951, 24, 29f.: »*Catholicum praeter articulos, quorum testis est scriptura, non est necesse alios credere.*«

[10] Melanchthons Werke 1, 25, 1f.

[11] Christoph Scheurl's Geschichtbuch der Christenheit von 1511 bis 1521, in: Jahrbücher des deutschen Reichs und der deutschen Kirche im Zeitalter der Reformation 1 (1872) 1–179, 112.
[12] Eine der seltenen Untersuchungen hierzu: Martin Brecht, Kaufpreis und Kaufdaten einiger Reformationsschriften, in: Gutenberg-Jahrbuch 1972, 169–173.
[13] WA 1, 379, 7–12.
[14] S. Georg Schmidt, Die Idee »deutsche Freiheit«. Eine Leitvorstellung der politischen Kultur des Alten Reiches, in: ders./Martin van Gelderen/Christopher Snigula (Hgg.), Kollektive Freiheitsvorstellungen im frühneuzeitlichen Europa (1400–1850), Frankfurt/M. u. a. 2006, 159–189, 161f.
[15] Dokumente zur Causa Lutheri (1517–1521), Bd. 2, hg. v. P. Fabisch u. E. Iserloh, Münster 1991, 414.
[16] WA 6, 406, 21.
[17] WA 6, 559, 20f.
[18] WA.B 2, 117, 36–38.
[19] WA.B 2, 116, 1.
[20] WA 6, 408, 11f. 26–28.
[21] Bernd Moeller, Klerus und Antiklerikalismus in Luthers Schrift an den christlichen Adel deutscher Nation von 1520, in: Dykema/Oberman, Anticlericalism, 353–365, 354.
[22] WA.B 2, 167 (Nr. 327, 10).
[23] WA 7, 28, 6–25.
[24] Armin Kohnle, Reichstag und Reformation. Kaiserliche und ständische Religionspolitik von den Anfängen der Causa Lutheri bis zum Nürnberger Religionsfrieden, Gütersloh, 86.
[25] WA 7, 833, 10–15.
[26] WA 7, 838, 2–9.
[27] Deutsche Reichstagsakten. Jüngere Reihe. Bd. 2, Gotha 1896, 555f. Anm. 1.
[28] Ebd. 595,26f.
[29] Ebd. 595,20–23: »car yl est certain que ung seul frère erre en son opinion, laquelle est contre toute la crestiennité, tant du temps passé mille ans et plus que du present, selon laquelle opinion toute ladite crestienité seroit et auroit tousiours esté en erreur«.
[30] Albrecht Dürer, Schriften und Briefe, hg. v. Ernst Ullmann, Leipzig 1971, 93f.

Kapitel IV

[1] Ernst Kähler, Karlstadt und Augustin. Der Kommentar des Andreas Bodenstein von Karlstadt zu Augustins Schrift De spiritu et litera, Halle 1952, 5, 4-6.
[2] Herrmann Barge, Andreas Bodenstein von Karlstadt. Bd. 1: Karlstadt und die Anfänge der Reformation, Leipzig 1905, 291 Anm. 118.
[3] Herrmann Barge, Andreas Bodenstein von Karlstadt. Bd. 2: Karlstadt als Vorkämpfer des laienchristlichen Puritanismus, Leipzig 1905, 546.
[4] Barge, Bodenstein 2, 547.
[5] Corpus reformatorum I 487f. (Nr. 155).
[6] Barge, Bodenstein 1, 265.
[7] Siehe die Beschwerdeschrift einiger Stiftsherren des Allerheiligenstifts vom 4.11.1521: Barge, Bodenstein 2, 547f.
[8] Barge, Bodenstein 1, 340.
[9] Stephen E. Buckwalter, Die Priesterehe in Flugschriften der frühen Reformation, Gütersloh 1998, 94.
[10] Bernd Moeller, Kleriker als Bürger, in: Ders., Die Reformation und das Mittelalter. Kirchenhistorische Aufsätze, hg. v. Johannes Schilling, Göttingen 1991, 35-52.
[11] Melanchthons Briefwechsel. Texte. Bd. 1, Stuttgart/Bad Cannstatt 1991, 417,14-20 (MBW 192): »Quibus ego quomodo commovear, non facile dixerim. Magnis rationibus adducor certe, ut contemni eos nolim. Nam esse in eis spiritus quosdam multis argumentis adparet, sed de quibus iudicare praeter Martinum nemo facile posit. Proinde com vertatur hic evangelii periculum, ecclesiae gloria et pax, modis omnibus efficiendum etx, ut his hominibus Martini copia fiat; ad hunc enim provocant.«
[12] Junghans, Luther und Wittenberg, 94.
[13] WA.B 2, 450, 36–43.
[14] Martin Luther, Studienausgabe, hg. v. H.-U. Delius, Bd. 2, Berlin [2]1992, 525.
[15] Martin Luther, Studienausgabe, hg. v. H.-U. Delius, Bd. 2, Berlin [2]1992, 527, 22f.
[16] E.K.F.G.: Eure kurfürstliche Gnaden.
[17] WA.B 2, 455, 75–456, 85 (Nr. 455).

[18] WA 8, 323–335.

[19] S. Johann Michael Fritz (Hg.), Die bewahrende Kraft des Luthertums. Mittelalterliche Kunstwerke in evangelischen Kirchen, Regensburg 1997.

[20] Matthias Weniger, „Durch und durch lutherisch?" Neues zum Ursprung der Bilder von Gesetz und Gnade, in: Münchner Jahrbuch der bildenden Kunst, Folge 3, 55 (2004) 115–134; ohne Auseinandersetzung mit der Studie von Weniger nimmt Heimo Reinitzer, Gesetz und Evangelium. Über ein reformatorisches Bildthema, Funktion und Wirkungsgeschichte. Bd. 1: Text, Hamburg 2006, 17f., dezidiert protestantischen Ursprung an.

[21] WA 19, 73, 3f.

[22] CR 88, 376, 34–377, 5: »Ist doch die meinung Petri, das alle Christenmenschen zuo küngklicher eer und priesterschafft durch den herren Jhesum Christum erwelt syen, darum, das sy keins uffopfrenden priesters me dörffen, der für sy offre; denn ein ieder sye selbs ein priester, das er geistlich gaben uffopfre, das ist: all sin gmuot got eigne.«

[23] CR 88, 134, 7–10.

[24] Emil Egli (Hg.), Aktensammlung zur Geschichte der Zürcher Reformation in den Jahren 1519–1533, Zürich 1879 (= Nieuwkoop 1973), 61.

[25] Die Chronik des Bernhard Wyss 1519–1530, hg. v. Georg Finsler, Basel 1901, 16.

[26] Bernd Moeller, Zwinglis Disputationen. Studien zu den Anfängen der Kirchenbildung u. des Synodalwesens im Protestantismus, Zeitschrift der Savigny-Stiftung für Rechtsgeschichte. Kanonistische Abteilung 87 (1970) 275–324; 91 (1974) 213–364, 304 (2. Teil).

[27] Finsler, Chronik des Bernard Wyss, 19.

[28] Heiko Augustinus Oberman, Werden und Wertung der Reformation, Tübingen [2]1979, 272.

[29] CR 88, 467, 16ff.

[30] CR 88, 471, 7f.

[31] CR 88, 458.

[32] Da beschachend vil grosser endrungen. Gerold Edlibachs Aufzeichnungen über die Zürcher Reformation 1520–1526, hg. v. P. Jezler, in: H.-D. Altendorf/P. Jezler (Hgg.), Bilderstreit. Kulturwandel in Zwinglis Reformation, Zürich 1984, 41–74, 55.

[33] Egli, Aktensammlung 236 (Nr. 544).

[34] A. Geoffrey Dickens, The German Nation and Martin Luther, Glasgow [2]1976, 182.

[35] Die Unterscheidung von Reichsstädten, die dem König unterstanden, und Freien Städten, die sich durch Orientierung an verschiedenen Instanzen von einer ursprünglich bischöflichen Stadtherrschaft gelöst hatten, verschmolz im 16. Jahrhundert verfassungsrechtlich zum Konzept der »Freien Reichsstadt«.

[36] Moeller, Disputationen.

[37] E. A. McKee, Katharina Schütz Zell. Bd. 2: The Writings. A Critical Edition, Leiden u. a. 1999 (SMRT 69/2), 39–44.

[38] Litz, Bilderfrage, 154.

[39] Franz Lau, Reformationsgeschichte bis 1532, in: ders./Ernst Bizer, Reformationsgeschichte Deutschlands, Göttingen 1964 (Die Kirche in ihrer Geschichte 3K), 32f.; vgl. Helmar Junghans, Plädoyer für »Wildwuchs der Reformation« als Metapher, in: ders., Spätmittelalter, Luthers Reformation, Kirche in Sachsen. Ausgewählte Aufsätze, hg. v. Michael Beyer/Günther Wartenberg, Leipzig 2001 (Arbeiten zur Kirchen- und Theologiegeschichte 8), 261–267.

[40] WA 15, 345, 23–346, 4.

[41] Thomas Müntzer, Schriften und Briefe, hg. von G. Franz, Gütersloh 1968 (QFRG 33), 494, 16.

[42] Müntzer, Schriften und Briefe 494,11.

[43] WA 18, 326, 33.

[44] WA 18, 298, 21f.

[45] WA 18, 301, 32–302, 30.

[46] WA 18, 302, 31–303, 26.

[47] WA 18, 361, 24f.

[48] S. die *»Epitome renovatae ecclesiasticae doctrinae ad illustrissimum principem Hessorum«*, in: Melanchthons Werke. 1. Bd.: Reformatorische Schriften, hg. v. Robert Stupperich, Gütersloh 1951, 179–189.

[49] Neue und vollständigere | Sammlung | der | Reichs=Abschiede ... Zweyter Theil | derer | Reichs=Abschiede | von dem Jahr | 1495. Bis

auf das Jahr 1551. | inclusive, Frankfurt/Main 1747, 274 § 4.

[50] Seebaß, Art. Reformation 391.

[51] S. hierzu Gury Schneider-Ludorff, Die Homberger Synode und die Reformatio ecclesiarum Hassiae. Beobachtungen zum Wandel Philipps von Hessen vom spätmittelalterlichen Landesherrn zum protestantischen Fürsten, in: Jahrbuch der hessischen kirchengeschichtlichen Vereinigung 54 (2003) 89–101, 96.

[52] So ist wohl Luthers Antwort in WA.B 3, 582, 11f. (Nr. 926) zu verstehen.

[53] WA 26, 179.

Kapitel V

[1] Deutsche Reichstagsakten. Jüngere Reihe. Bd.7/2, Göttingen 1935, 1277, 18–33; 1286, 14–1287, 12.

[2] Karl Eduard, Urkundenbuch zu der Geschichte des Reichstages zu Augsburg im Jahre 1530. Bd. 1, Halle 1833, 8.

[3] BSLK 83d, 6f.

[4] WA.B 5, 319, 5–8.

[5] WA.B 5, 496, 8f.

[6] BSLK 64, 4f.

[7] Denzinger, Kompendium Nr. 802.

[8] BSLK 84, 1–3.

[9] WA.B 5, Nr. 1536.

[10] Rainer Henrich, Das württembergische Bilderdekret vom 7. Oktober 1537 – ein unbekanntes Werk Ambrosius Blarers, in: Blätter für Württembergische Kirchengeschichte 97 (1997) 9–21.

[11] S. hierzu Andreas Tacke, Der katholische Cranach. Zu zwei Großaufträgen von Lukas Cranach d. Ä., Simon Franck und der Cranach-Werkstatt (1520–1540), Berlin 1992, 217–267.

[12] S. Volker Leppin, Anknüpfung und Neuansatz: Fürst Georg III. auf dem Weg zur Reformation, in: Helge Klassohn (Hg.), 500 Jahre Georg III. – Fürst und Christ in Anhalt (im Druck).

[13] Calvin-Studienausgabe, hg. v. E. Busch u. a. Bd. 4: Reformatorische Klärungen, Neukirchen-Vluyn 2002, 18f.: *»quin omnes, qui fide amplectuntur oblatas illic promissiones, Christum spiritualiter, cum spiritualibus eius donis recipere (...) fateamur«.*

[14] WA.B 8, 633, 105–107.

[15] Reformierte Bekenntnisschriften, hg. v. Heiner Faulenbach u. Eberhard Busch. Bd. 1/3, Neukirchen-Vluyn 2007, 244, 22–25.

[16] Reformierte Bekenntnisschriften 239, 13.

[17] Hermann von Kerssenbroch, Anabaptistici furoris Monasterium inclitum Westphaliae metropolim evertentis historica narratio, hg. v. H. Detmer. 2 Bde., Münster 1899/1900.

[18] Eike Wolgast, Das Konzil in der Erörterung der kursächsischen Theologen und Politiker, in: Archiv für Reformationsgeschichte 73 (1982) 122–152.

[19] Georg Schmidt, Gefangen vor der Gefangenschaft? Landgraf Philipp und der Regensburger Geheimvertrag von 1541, in: Hundert Jahre Historische Kommission für Hessen 1897–1997, hg. v. Walter Heinemeyer. Teil 1, Marburg 1997, 463–480, 466.

[20] WA.B 8, 638–644 (Nr. 3423).

Ausblick

[1] Anton Schindling, Konfessionalisierung und Grenzen der Konfessionalisierbarkeit, in: ders./Walter Ziegler (Hgg.), Die Territorien des Reichs im Zeitalter der Reformation und Konfessionalisierung. Bd. 7, Münster 1997, 9–44; Andreas Holzem, Die Konfessionsgesellschaft. Christenleben zwischen staatlichem Bekenntniszwang und religiöser Heilshoffnung, in: Zeitschrift für Kirchengeschichte 110 (1999) 54–87.

[2] Schorn-Schütte, Geistlichkeit.

Literatur

Neben allgemein üblichen Abkürzungen werden insbesondere verwandt:

BSLK Bekenntnisschriften der evangelisch-lutherischen Kirche, Göttingen [11]1992

CR Corpus reformatorum, Berlin u. a. 1834ff.

WA Martin Luther, Werke. Kritische Gesamtausgabe (Weimarer Ausgabe), Weimar 1883ff.

Asche, Matthias u. a. (Hgg.), Dänemark, Norwegen und Schweden im Zeitalter der Reformation und Konfessionalisierung, Münster 2003.

Beutel, Albrecht (Hg.), Luther Handbuch, Tübingen 2005.

Blickle, Peter, Die Reformation im Reich, Stuttgart [3]2000.

Blickle, Peter, Die Revolution von 1525, München 1993.

Blickle, Peter, Kommunalismus. Skizzen einer gesellschaftlichen Organisationsform, München 2000.

Brady, Thomas A. (Hg.), Die deutsche Reformation zwischen Spätmittelalter und Früher Neuzeit, München 2001.

Brady, Thomas A./Oberman, Heiko A./Tracy, James D. (Hgg.), Handbook of European History 1400–1600. 2 Bde., Leiden u. a. 1994.

Brecht, Martin, Martin Luther. 3 Bde., Stuttgart 1981–1987.

Buckwalter, Stephen E., Die Priesterehe in Flugschriften der frühen Reformation, Gütersloh 1998 (Quellen und Forschungen zur Reformationsgeschichte 68).

Burkhardt, Johannes, Das Reformationsjahrhundert. Deutsche Geschichte zwischen Medienrevolution und Institutionenbildung 1517–1617, Stuttgart 2002.

Cameron, Euan, The European Reformation, Oxford 1991.

Chadwick, Owen, The Early Reformation on the Continent, Oxford 2001.

Decot, Rolf, Kleine Geschichte der Reformation in Deutschland, Freiburg i. Br. 2005.

Dickens, Arthur G., The English Reformation, London [3]1989.

Dingel, Irene, Die Wittenberger Reformation, in: Michael Plathow (Hg.), Lutherische Kirchen, Göttingen 2007 (Bensheimer Hefte 107), 7–57.

Dost, Timothy P., Renaissance Humanism in Support of the Gospel in Luther's Early Correspondence. Taking all things captive, Aldershot u. a. 2001.

Dykema. Peter A./Oberman, Heiko A. (Hgg.), Anticlericalism in Late Medieval and Early Modern Europe, Leiden u. a. 1993 (Studies in Medieval and Reformation Thought 51).

Edwards, Mark J., Printing, Propaganda and Martin Luther, Berkeley 1994.

Ehrenpreis, Stefan/Lotz-Heumann, Ute, Reformation und konfessionelles Zeitalter, Darmstadt 2002.

Elton, Geoffrey, Europa im Zeitalter der Reformation 1517–1559, München [2]1982.

Goertz, Hans-Jürgen, Antiklerikalismus und Reformation, Göttingen 1995.

Goertz, Hans-Jürgen, Pfaffenhaß und groß Geschrei. Die reformatorische Bewegung in Deutschland 1517–1529, München 1987.

Grane, Leif, Martinus noster. Luther in the German reformation movement 1518–1521, Mainz 1994.

Greyerz, Kaspar von, Religion und Kultur, Göttingen 2000.

Gülpen, Ilonka van, Der deutsche Humanismus und die frühe Reformations-Propaganda 1520–1526. Das Lutherporträt im Dienst der Bildpublizistik, Hildesheim u. a. 2002 (Studien zur Kunstgeschichte 144).

Haigh, Christopher, English Reformations, Oxford 1993.

Hamm, Berndt, Reformation als normative Zentrierung von Religion und Gesellschaft, in: Jahrbuch für Biblische Theologie 7 (1992) 241–279.

Hamm, Berndt, Zwinglis Reformation der Freiheit, Neukirchen-Vluyn 1988.

Hamm, Berndt/Moeller, Bernd/Wendebourg, Dorothea, Reformationstheorien. Ein kirchenhistorischer Disput über Einheit und Vielfalt der Reformation, Göttingen 1995.

Haug-Moritz, Gabriele, Der Schmalkaldische Bund 1530–1541/42. Eine Studie zu den genossenschaftlichen Strukturelementen der politischen Ordnung des Heiligen Römischen Reiches Deutscher Nation, Leinfelden-Echterdingen 2002 (Schriften zur südwestdeutschen Landeskunde 44).

Hendrix, Scott H., Recultivating the Vineyard. The Reformation Agendas of Christianization, Louisville/London 2004.

Hillerbrand, Hans J., The Division of Christendom. Christianity in the sixteenth century, Louisville u. a. 2007.

Junghans, Helmar, Der junge Luther und die Humanisten, Göttingen 1985.

Junghans, Helmar, Martin Luther und Wittenberg, München/Berlin 1996.

Jussen, Bernhard/Koslofsky, Craig (Hgg.), Kulturelle Reformation. Sinnformationen im Umbruch 1400–1600, Göttingen 1999.

Kaufmann, Thomas, Das Ende der Reformation. Magdeburgs »Herrgotts Kanzlei« (1548–1551/2), Tübingen 2003 (Beiträge zur historischen Theologie 123).

Kohnle, Armin, Reichstag und Reformation. Kaiserliche und ständische Religionspolitik von den Anfängen der Causa Lutheri bis zum Nürnberger Religionsfrieden, Gütersloh 2001 (Quellen und Forschungen zur Reformationsgeschichte 72).

Köpf, Ulrich (Hg.), Deutsche Geschichte in Quellen und Darstellung. Bd. 3: Reformationszeit 1495–1555, Stuttgart 2001.

Kruse, Jens-Martin, Universitätstheologie und Kirchenreform. Die Anfänge der Reformation in Wittenberg 1516–1522, Mainz 2002 (Veröffentlichungen des Instituts für Europäische Geschichte Mainz 187).

Leppin, Volker, Martin Luther, Darmstadt 2006.

Leppin, Volker (Hg.), Reformation. Ausgewählt und kommentiert, Neukirchen-Vluyn 2005 (Kirchen- und Theologiegeschichte in Quellen 3).

Leppin, Volker, Die Wittenberger Reformation und der Prozess der Transformation kultureller zu institutionellen Polaritäten, Stuttgart/Leipzig 2008 (Sitzungsberichte der Sächsischen Akademie der Wissenschaften zu Leipzig. Philologisch-historische Klasse 140/4).

Litz, Gudrun, Die reformatorische Bilderfrage in den schwäbischen Reichsstädten, Tübingen 2007 (Spätmittelalter und Reformation 35).

Locher, Gottfried W., Die Zwinglische Reformation im Rahmen der europäischen Kirchengeschichte, Göttingen 1979.

Lortz, Joseph, Die Reformation in Deutschland, Freiburg [6]1982.

Ludolphy, Ingetraut, Friedrich der Weise. Kurfürst von Sachsen 1463–1525, Göttingen 1984.

Lutz, Heinrich, Reformation und Gegenreformation, München [3]1991.

MacCulloch, Diarmaid, Die Reformation 1490–1700, München 2008.

Mau, Rudolf, Evangelische Bewegung und frühe Reformation 1521 bis 1532, Leipzig 2000 (Kirchengeschichte in Einzeldarstellungen II/5).

McKim, Donald K., The Cambridge Companion to Martin Luther, Cambridge 2003.

Michalski, Sergiusz, The Reformation and Visual Arts, London u. a. 1993.

Moeller, Bernd (Hg.), Die frühe Reformation in Deutschland als Umbruch, Gütersloh 1998 (Schriften des Vereins für Reformationsgeschichte 199).

Moeller, Bernd, Deutschland im Zeitalter der Reformation, Göttingen [4]1999.

Moeller, Bernd, Die Reformation und das Mittelalter. Kirchenhistorische Aufsätze, Göttingen 1991.

Moeller, Bernd, Luther-Rezeption. Kirchenhistorische Aufsätze zur Reformationsgeschichte, Göttingen 2001.

Moeller, Bernd, Reichsstadt und Reformation. Bearbeitete Neuausgabe, Berlin 1987.

Moraw, Peter, Von offener Verfassung zu gestalteter

Verdichtung. Das Reich im späten Mittelalter 1250 bis 1490, Frankfurt/Berlin 1985.
Mörke, Olaf, Die Reformation. Voraussetzungen und Durchsetzung, München 2006.
Müller, Gerhard, Causa Reformationis, Gütersloh 1989.
Müller, Nikolaus, Die Wittenberger Bewegung 1521 und 1522. Die Vorgänge in und um Wittenberg während Luthers Wartburgaufenthalt, Leipzig [2]1911.
Neuhaus, Helmut, Das Reich in der Frühen Neuzeit, München 1997.
Oberman, Heiko A., Luther. Mensch zwischen Gott und Teufel, Berlin 1981.
Oberman, Heiko A., Werden und Wertung der Reformation, Tübingen [2]1979.
Oberman, Heiko A., Zwei Reformationen. Luther und Calvin – Alte und Neue Welt, Berlin 2003.
Otto, Henrik, Vor- und frühreformatorische Tauler-Rezeption. Annotationen in Drucken des späten 15. und 16. Jahrhunderts, Gütersloh 2003 (Quellen und Forschungen zur Reformationsgeschichte 75).
Pettegree, Andrew, The Reformation World, London u. a. 2000.
Rabe, Horst, Deutsche Geschichte 1500–1600, München 1991.
Reinhard, Wolfgang, Probleme deutscher Geschichte 1495–1806. Reichsreform und Reformation 1495–1555, Stuttgart 2000.
Rublack, Ulinka, Die Reformation in Europa, Frankfurt/M. 2003.
Scheible, Heinz, Melanchthon und die Reformation. Forschungsbeiträge, hg. v. Rudolf May und Rolf Decot, Mainz 1996 (Veröffentlichungen des Instituts für Europäische Geschichte Mainz. Beih. 41).
Schilling, Heinz, Aufbruch und Krise. Deutschland 1517–1648, Berlin 1988.
Schilling, Johannes, Gewesene Mönche. Lebensgeschichten in der Reformation, München 1990.
Schindling, Anton / Ziegler, Walter (Hgg.), Die Territorien des Reichs im Zeitalter der Reformation und der Konfessionalisierung. 7 Bde., Münster 1989–1997.
Schmidt, Georg, Geschichte des Alten Reiches. Staat und Nation in der Frühen Neuzeit 1495-1806, München 1999.
Schneider-Ludorff, Gury, Der fürstliche Reformator. Theologische Aspekte im Wirken Philipps von Hessen von der Homberger Synode bis zum Interim, Leipzig 2006 (Arbeiten zur Kirchen- und Theologiegeschichte 20).
Schorn-Schütte, Luise, Die Reformation. Vorgeschichte – Verlauf – Wirkung, München [4]2006.
Schorn-Schütte, Luise, Evangelische Geistlichkeit in der Frühneuzeit, Gütersloh 1996 (Quellen und Forschungen zur Reformationsgeschichte 62).
Schulze, Manfred, Fürsten und Reformation. Geistliche Reformpolitik weltlicher Fürsten vor der Reformation, Tübingen 1991 (Spätmittelalter und Reformation. Neue Reihe 2).
Schwarz, Reinhard, Luther, Göttingen 1986 (Die Kirche in ihrer Geschichte 3I).
Seebaß, Gottfried, Art. Reformation, in: Theologische Realenzyklopädie 28, Berlin/New York 1997, 386–404.
Seebaß, Gottfried, Die Reformation und ihre Außenseiter. Gesammelte Aufsätze und Vorträge, hg. v. Irene Dingel, Göttingen 1997.
Seebaß, Gottfried, Geschichte des Christentums III: Spätmittelalter – Reformation – Konfessiona lisierung, Stuttgart u. a. 2006.
Smolinsky, Heribert, Kirchengeschichte der Neuzeit. Bd. 1, Düsseldorf 2003.
Tracy, James D., Europe's Reformations, 1450–1650. Doctrine, Politics and Community, Lanham u. a. [2]2006.
Van't Spijker, Willem, Calvin. Biographie und Theologie, Göttingen 2001 (Die Kirche in ihrer Geschichte 3,12).
Wallmann, Johannes, Kirchengeschichte Deutschlands seit der Reformation, Tübingen [6]2006.
Wohlfeil, Rainer, Einführung in die Geschichte der deutschen Reformation, München 1982.
Zeeden, Ernst W., Konfessionsbildung. Studien zur Reformation, Gegenreformation und katholischen Reform, Stuttgart 1985.

Personenregister